本书为国家开发银行、华东师范大学共建开行—华东师大国际关系与
地区发展研究院第 3 期科研委托项目《"中国走出去"战略的国际政治经济研究》成果

丛 书 主 编：
　　　　吴征宇

编委会成员：
　　　　徐弃郁　李 晨　马 骏　邱立波

世界大战的海军战略

［德］沃尔夫冈·魏格纳◎著

刘晋◎译

人民出版社

C 目 录
ontents ★ ★ ★

前　言

　　本书是 1926 年一篇长文的印刷版,起初该版只有高级海军军官特定圈子里的人才能接触到。经过几年的发展,该文在德国海军内部比起初预想的要更加出名,在人群中广泛传阅。最终,该文中的思想和技术用语已经在专业文献中有所反映。

　　于是,有人要求我出版这篇文章,我照做了。文章仍以 1926 年的版本呈现,除了将一篇私人和内部文章转变为公开文本需要的必要改动外,未作其他进一步修改。

1929 年 5 月于柏林夏洛藤堡

导　论

在一场英国是我们主要敌人的战争中,只发生了一场海战,这一战斗甚至未能打完。我们越是远离这场战争,战争的细节越是会淡出人们的视野,这一事实就越令人震惊。有一种解释认为,这是因为这场战争的后半段打的是潜艇战。这种解释并不充分,因为潜艇战的形式和激烈程度取决于舰队行动的结果。舰队未能决定战争结果,因此才有了潜艇战。孤立的战争细节中是找不到缺乏一场决定性海战的理由的。特殊的环境必定和海战的一般性概念结合了起来,在这场战争的全过程中导致了避战倾向。

海军战争并非一方所为,而是交战双方共同进行的。

调查这一避战倾向最深刻的、终极的原因并非仅仅出于历史兴趣,因为只存在两个合理的解释。要么正如海军参谋本部(Admiralty Staff)的官方出版物①所言,是一群海军官兵偶然导致了舰队的失败。那么我们只要根据古老精神训练魏玛共和国海军(Reichsmarine),便能指望未来产生更合适的领导人。要么就是因为我们的国家(以及海军)在战争期间被避战倾向的特定先入之见所迷惑。就后者而言,为我们的未来着想,我们必须找到这

---

① 魏格纳指的是官方海战史:*Der Krieg zur See 1914-1918*, Vols 22. (Berlin, 1920-1966)。事实上,这是由海军部海军档案馆的艾伯哈特·冯·曼迪海军中将(Eberhard von Mantey)领导下的一批军官编写的,前海军参谋本部已经被魏玛共和国海军废止。

些观念的根源,坚决修正我们的智识观念,大幅改变我们的思想方向。

下面的分析将帮助我们找到这些观念和概念的根源。

如果生存于地表的一切事物都处于永恒的演化进程中,那么,在一支由一个无海军传统的国家创造的海军中呈现出的这种演化性发展就是自然而然的事。①

旧帝国海军(Imperial Navy)不仅将海权思想传播到了各级官兵之中,也传播到了整个国家。如果以我们纯粹大陆的历史来看待我们的海军,帝国海军取得的巨大成就则令人瞩目。

德意志人民完全有理由为旧舰队自豪。但是,我们对旧海军的欣慰之情不应成为停滞不前的理由。我们必须进一步发展,超越我们身后的那支旧舰队。我们一定会在下文中认识到!从和平时期的部署中得到的许多概念没能满足这场世界大战的要求,我们一定不能漠视这些认识,因为它们在这场战争中对我们的思维习惯来说还很陌生。这些观念应被视为战争经验而不是批判之辞,并予以留存。我们必须时刻记住,旧海军曾大度地接受能够促进海军发展的每一条建议。

---

① 关于德国缺少海军传统,见 Holger H.Herwig, "Luxury" Fleet: The Imperial German Navy 1888-1918(Atlantic Highlands, New Jersey, 1987)第一章。

第一章　战略进攻

战争最开始的时候,我们对英国人进攻精神的信念胜过了理性。这一信念变成了教条,我们以此为基石建设了我们的战略海军大厦,制定了1914年"作战计划"①以及"封锁计划"。

1.英国的战略位置

（1）当敌人并未于宣战之后立即出现在赫尔戈兰湾时,我们惊讶万分,物质上占据优势（当时曾有人称之为无情的优势）的英国舰队并未对我们进行猛烈进攻。我们自和平时期转入战争时期时的某些思想态度就此消失了。因此,我们一定总是试图回忆起有关"大舰队"②的一些观念,1914年"作战计划"正是基于这些观念之上的。"大舰队"具有无情优势的观念并

---

① 德国1914年8月的"作战计划"力图"突击到……远至英国海岸的地方,以打击英国舰队";逐个打击英国舰队,在进入总体海军交战前取得力量上的对等;如果在取得力量对等之前就出现了有利的机会,那就与大舰队交战。见Otto Groos,ed.,*Der Krieg Zur See 1914-1918. Der Krieg in der Nordsee*,I(Berlin,1922),pp.40-41、54。恩斯特·冯·范泽洛上校(Ernst von Vanselow)证实海军元帅阿尔弗雷德·冯·提尔皮茨(Alfred von Tirpitz)拒绝在战争早期让舰队冒险。Bundesarchiv-Militärarchiv(BA-MA),N164,Nachlass Vanselow,Notes of 4 August 1914。

② 1914年9月初,皇家海军打造了"大舰队",或者说"主力舰队",由20艘无畏舰、9艘战列巡洋舰以及2艘"纳尔逊勋爵级"战列舰构成。"公海舰队"则由13艘无畏舰、5艘战列巡洋舰(包括"布吕歇尔号")构成。英国拥有39艘前无畏级战舰,德国则拥有22艘。此外,英国有12艘无畏舰和1艘战列巡洋舰在建,德国则有7艘无畏舰和3艘战列巡洋舰在建。Groos,*Krieg in der Nordsee*,I,p.45;Arthur J.Marder,*From the Dreadnought to Scapa Flow:the Royal Navy in the Fisher Era*,1904-1919,I(London,1961),p.420。

非来自战争经验,而是源起于和平时期的考虑。因此我们必须找到根本原因,为什么我们会被迷惑至此,着了魔一样注视着西北方,预计具有巨大优势的英国舰队会立即出现在赫尔戈兰,并对我们进攻。①

无情优势的概念是从陆地战役那里拿来的。事实上,根据克劳塞维茨的教义,如果两支军队在陆地上相互对抗,强大的一方将立即采取攻势以夺取主动。② 伟大的将领们所争夺的正是这种主动权。主动权具有巨大价值,即便处于弱势的一方也不会乐意拱手让人,他们至少会努力采取进攻行动以获取主动权的优势。

军事概念在我们德国人的脑海中根深蒂固,比我们通常所能意识到的更加牢固。一代又一代人在陆军中服役并非徒然无效,在这支大军中训练时学习到的思想,如今通过传统影响着我们的情感。③

陆军的观念已经成为我们的本能,因此,我们无法理解,为什么英国人1914年8月没有打过来。④ 当时的呼声是"如果我们有这样一支具有无情

---

① 战争最初几日里的整个海上准备、动员以及舰队行动都体现了这种对英国人进攻精神的信念,我们先是在北海诸岛建造了强有力的防御工事,为了不让英国人有巡航定位的目标又拆除了万格罗格教堂塔,后又为了打开一条针对试图突入易北河的敌人的火线而推平了库克斯港的一大片房屋。从河口到上游都布了水雷(库克斯港的易北河口与基尼厄斯沙洲的玉河口)。战争开始时舰队在基尼厄斯沙洲的屏障之后,夜间探照灯大开,战时护卫就位,大炮上膛,就等着英国人进攻,就好像英国的小型舰艇编队能够毫无预兆、不被察觉地突破赫尔戈兰和玉河外的巡逻线,没有导航设施就能在漆黑一片的玉河顺流直上。——作者注

② 见 Carl von Clausewitz, *On War*, eds. Michael Howard and Peter Paret(Princeton, 1976), pp.194-197、282-284, on superior force and initiative。然而,克劳塞维茨也在第585页注释道:"为对抗敌人而使用的武力规模取决于对方的政治要求的大小。"

③ 魏格纳指的是后来的德国官方海军史 *Der Krieg Zur See* 1914-1918 编者艾伯哈特·冯·曼迪海军中将(Eberhard Von Mantey)在一战后证明了这种与普鲁士军事传统的紧密联系:"我们是移植到铁打的营盘上的普鲁士军官团。"BA-MA, F 7590, Nachlass Hollweg, Vol.4: Mantey to Hollweg, 16 April 1929。

④ 1914年5月提尔皮茨上将询问舰队总司令弗里德里希·冯·英格诺尔上将(Friedrich von Ingenohl):"如果他们不来你怎么办?"他未得到答复。引自 Albert Hopman, *Das Logbuch eines deutschen Seeoffiziers*(Berlin, 1924), p.393。另见 Rolf Güth, "Und was tun Sie, wenn sie nicht kommt?", *Schiff und Zeit*, 10, 1979, pp.51-57。

优势的舰队,我们会立即进攻。"考虑到我们的陆战观念,这是很合理的甚至是很有可能的。或许正是因为这一观念,我方"作战计划"未能考虑到,英国人可能没有攻过来的合适理由,也未能思考陆战的观念究竟能否直接应用于海战。

强大的一方必定会采取战略攻势的一般性原则根本无法应用于海战。

战争爆发时,英国处于极为有利的战略位置。一方面,它的贸易动脉在大西洋,是易北河的德国舰队无法触及的。另一方面,德国的贸易线却能在英吉利海峡和苏格兰沿岸被轻易切断。无贸易线经过的北海就成了一片死海。英国的制海权从一开始就"饱和"了,马恩河战役消除了我们夺取契堡和布雷斯特的危险后仍旧如此。由于没有首先征服一处战略阵地的必要,英国舰队的任务就是在这个战略位置上运用制海权,即保护英国的贸易线,阻断我方贸易。此外,它的舰队必须维持——如果有必要的话,捍卫这一位置。但是,负责防御这种战略位置的一方就必须有一个战略防御计划,而不是进攻性作战计划——就好像德国对英国进攻精神的信念,以及我们自己的陆战观念自然而然、不言而喻地塑造了我方的"作战计划"一样。

英国人的"作战计划"①明显和英国舰队的物质优势毫无联系。相反,英国的计划仅仅有赖于战争爆发时既有的战略位置。英国舰队的力量可能是它实际力量的三倍或一半,我们之间的力量对比可能恰恰对调了:英国的"作战计划"将保持原样,总是防御性的,因为英国舰队的首要任务是保护英国的战略位置,它在这个位置上控制着大西洋的重要贸易动脉。

英国海军部甚至没有进行战略进攻还是防御的选择。防御作战计划必

---

① 英国不存在正式的 1914 年"作战计划"。1914 年 8 月 2 日,海军上将约翰·杰里科爵士(John Jellicoe)取得了舰队的指挥权。他将他的战列舰部署在斯卡帕湾和克罗马蒂,将战列巡洋舰部署在罗赛斯。他的总任务是维持远程封锁,击退"公海舰队"可能进行的突袭或对联合王国的入侵,保证英国远征军跨越英吉利海峡前往法国的转移行动的安全。见 Marder,*Dreadnought to Scapa Flow*,I,p.435。

然和英国"饱和"的战略位置直接相关——只要它一直处于"饱和"状态。如果我们不戴有色眼镜冷静地看待这场战争,我们必须承认"大舰队"完全消极行为的正确性。

(2)从英国人的"作战计划"中推断出英国是如何看待战斗的并不麻烦。我们一进攻它的战略阵地,英国就必定采取进攻行动,这是它防御任务的一部分。如果我们发动了战略进攻并毫不妥协地坚持这一战略进攻的作战计划,而非依赖发自赫尔戈兰湾、无法威胁英国人阵地的战术突袭,英国将以全部力量保卫自身,在我方进攻开始威胁它的战略位置时立即投入战斗。从最宽泛的角度来说,防御任务一有需求,英国就会准备战斗。

由于从未出现过这样的进攻,英国就没有战斗的理由。除非受到挑战,拥有制海权的一方不需要为它而战,而英国在大西洋拥有不受限制的制海权。我们未能损害英国制海权分毫。因此,英国人的战斗意愿,即北海战斗不可缺少的前提条件并不存在,这完全是我方海军领导层的幻想。战斗总是需要双方参与的。

除了战略防御这一首要任务,"大舰队"和其他舰队一样,接到了第二项任务,即防御海岸。防御海岸和防御战略位置毫无关联。一支舰队可能会有若干战略任务——作战计划要么是战略进攻要么是战略防御:保护海岸事关荣誉和责任,是任何海军都无法逃避的任务。因此,英国当时准备承担起纯粹岸防的光荣义务,但它的舰队在雅茅斯和哈特利浦遭到了失败。①

---

① 魏格纳指的是德国 1914 年 12 月 15 — 16 日在哈特利浦、惠特比以及斯卡伯勒和 1915 年 1 月 24 日在雅茅斯打了就跑的行动;后面这次作战(多格尔沙洲)让德国人付出了损失装甲巡洋舰"布吕歇尔号"的代价。见 *Der Krieg in der Nordsee*, III(Berlin,1923),pp.50−121、189−249;*History of the Great War. Naval Operations*, II,ed., Sir Julian S. Corbett(New York,1921),pp.21−48、82−102。

德国舰队在日德兰海战后于 1916 年 8 月向英国海岸进发时①,英国人的出现表明了他们的这一岸防意图。然而,即便在自身沿岸水域,英国舰队也拒绝接战。

在一切其他不依赖于"大舰队"的首要防御任务,且只是观察或打击我们的纯战术行动中,受军事或国际政治动机的鼓动或限制,英国舰队要么采取行动要么小心谨慎。我们无法理解这些动机,因为英国舰队行动的动机并非源自英国防御任务的战略需要。

"大舰队"在设计这些作战行动时极为谨慎小心,会在适当的时候中断这些行动。这类行为并不会增加额外的成本。1915 年 1 月多格尔沙洲的战斗就是一个例子。② 日德兰海战是另外一个例子,"大舰队"未能在 6 月 1 日早上继续战斗。③ 决战的必要战略动机并不存在。1914 年 8 月 28 日的海上袭击是显示不列颠之虎如何打劫弱小(我们将巡逻部队当作诱饵置于赫尔戈兰的陡峭海岸,并未在一旁安装上了膛的大炮)而又逃之夭夭的

---

① 德国舰队总司令赖因哈德·舍尔海军上将(Reinhard Scheer)1916 年 8 月 19 日准备轰炸桑德兰。其间未发生大规模舰队交战。然而,魏格纳称英国人"拒绝在他们的沿岸水域接战"不完全正确。事实上,杰里科上将当时已带着 29 艘无畏舰和 6 艘战列巡洋舰从斯卡帕湾南下,却在被马德称为"捉迷藏"的一片混乱中未能阻截到舍尔。见 Marder, *Dreadnought to Scapa Flow*, Ⅲ(London, 1966), pp.235-244; *Der Krieg in der Nordsee*, Ⅵ, ed.Walter Gladisch(Berlin, 1937), pp.30-74; and *Naval Operations*, Ⅳ, ed.Henry Newbolt(New York, 1928), pp.36-47。

② 魏格纳指的可能是"大舰队"当时并未从斯卡帕湾南下,而是让大卫·贝蒂海军上将(David Beatty)的战列巡洋舰部队应对德国的袭击。*Naval Operations*, Ⅱ(New York, 1921), pp.82-102; Marder, *Dreadnought to Scapa Flow*, Ⅱ(London, 1965), pp.156-175。

③ 魏格纳此处有误。1916 年 6 月 1 日上午 11 时,杰里科海军上将的 24 艘完好的无畏舰正在威廉港外,准备与舍尔海军上将的 10 艘完好的无畏舰继续战斗。*Naval Operations*, Ⅲ(London, 1923), pp.313-324; Marder, *Dreadnought to Scapa Flow*, Ⅲ(London, 1966), pp.160-62, 205. 舍尔明智地按兵不动。5 月 31 日晚 11 时 15 分,他承认,次日早上出海"很可能导致决战"。6 月 1 日早上 6 时 07 分,他听说杰里科在德国海岸边时透露:"考虑到我们舰队目前的状况,此时与他们战斗……没有任何成功的希望。"BA-MA, RM 47/594 Admiralstab der Marine.Kriegstagebuch K.d.H.V.Adm.Scheer.见 Schlacht v.d.Skagerrak。

一大案例。①

当日德兰出现了意外的机会,舰队又获得了最新型的舰艇的时候,②英国才认为自身具备了充分的优势,能在远离自身海岸的地方冒险进行大规模战斗以削弱我们,又不会对自身造成危险。

英国期待为特拉法尔加的荣耀再添光辉。③ 当预期中的成功未能在斯卡格拉克海峡实现的时候,"大舰队"的战术行动直到战争结束都被限制在防御作战计划的限度内,即与英国舰队防御任务相一致的那些限度内。

2. 德国的战略位置

(1)英国必定会有防御作战计划,因为相对于我们而言,它的位置在战略上是"饱和的"。意识到这一点本应很容易让海军领导层相信,我们相对于英国的位置必定和它的相反。仅仅是作战计划和战略位置之间的紧密联

---

① 1914 年 8 月 28 日,在贝蒂海军上将 5 艘战列巡洋舰支援下的英国轻装部队奇袭了赫尔戈兰湾的德国部队,导致利博瑞克·马斯海军少将(Leberecht Maass)损失了轻巡洋舰"阿里阿德涅号""美因茨号"以及"科隆号"。"公海舰队"仍处港内。*Der Krieg in der Nordsee*,I,pp.131-224;*Naval Operations*,I(New York,1920),pp.102-123。

② 战争爆发以来,英国增加了 13 艘无畏舰:"加拿大号""阿金库尔号""爱尔兰号"(1914 年 9 月),"本博号""马尔伯勒号"(1914 年 11 月),"君权号""皇家橡树号""复仇号"(1916 年 3—5 月),超级无畏舰"伊丽莎白女王号""厌战号""巴勒姆号""勇士号""马来亚号"(1915—1916 年);以及战列巡洋舰"猛虎号"(1914 年 10 月)。Marder, *Dreadnought to Scapa Flow*,II,pp.436-437。与此同时,德国人增加了 5 艘无畏舰:"柯尼希号""大选帝侯号""侯爵号""王储号"(1914 年 8—11 月),"拜仁号"(1916 年 3 月);战列巡洋舰"德弗林格尔号"(1914 年 9 月)和"吕佐夫号"(1915 年 8 月)。Erich Groener, *Die Deutschen Kriegsschiffe 1815-1945*,I(Munich,1916),pp.86、88、118。

③ 指英国人渴望重复霍雷肖·纳尔逊将军(Horatio Nelson)1805 年 10 月 21 日在斯帕特尔角的行动,他当时击溃了一支拥有 33 艘战舰的法兰西联合舰队。关于英国人对"第二次特拉法尔加"的渴望,见 Holger H.Herwig, "*Luxury*" *Fleet*:*The Imperial German Navy 1888-1918*(Atlantic Highlands,New Jersey,1987),pp.167、175、186。

系就应让我们得出结论,由于我们的战略位置并不理想,德国有改变这一位置的需要。以改善战略位置为目标的战略进攻思想本应走上前台。

另一种思路也会导致同样的结论。

如果一支军队坚持自身的进攻性作战计划,敌人不进行顽强抵抗就是有利的,作战计划就更容易执行。如果我们将这一理想的状态与我方舰队的突击作对比,那么英国人并未反抗我们的袭击这一事实本应使我方作战计划更易完成。

但是,这样有利的结果从未出现,也不会出现——因为这类能够用来获取某些东西的作战计划从不存在。我们在海上采取的是战略防御,这是很明显的。

因此我们就和海洋对面的英国人处在同样的状态中了:事实上,坚守一种必然支持舰队防御作战计划的战略位置,我们在赫尔戈兰湾持续不断地维持了这种战略位置。

任何战术进攻都无法将防御作战计划转化为进攻作战计划,因为进攻作战计划的目的在于改变某种战略位置,而非维持它。

战略进攻用来改变战略位置;战略防御用来固守战略位置。因此我方舰队能够随心所欲地从赫尔戈兰湾发起突袭:尽管如此,我们维持的仍是战略防御态势。从战壕发起的进攻可以推进到任何能够想象得到的程度,但是,只要进攻者返回到起始位置,这种进攻就总是一种战术性行动。人们必须清楚理解这一概念,否则就容易将战术进攻混淆为战略进攻。① 战略进攻取决于战术行动的战略基础。

---

① 1918 年春,埃里希·鲁登道夫将军(Erich Ludendorff)典型地搞混了战略、作战(operations)与战术,当一名下级军官大胆地问起在法国发动大举进攻的战略实质时,他说:"我反对'作战'(operation)这个字眼。我们将在他们的战线上开个口子。然后,我们就走着瞧吧。"引于 Crown Prince Rupprecht of Bavaria, *Mein Kriegstagebuch*, II, ed. Eugen von Frauenholz(Munich,1929),p.372 note。

　　既然要坚守赫尔戈兰湾的战略位置,舰队的任务就变成了防御赫尔戈兰湾。然而,由于英国人并未进攻我方阵地、舰队以及它的突击行动所不断保卫的就是某种并未受到威胁的东西。

　　只有接近贸易线的战略阵地才会招来敌人的进攻。赫尔戈兰湾附近并无贸易线,连一条无关紧要的贸易线都没有。苏格兰至挪威的贸易线又如此遥远,在那里发起的突袭只能是缺乏持久影响的战术行动,从来都不指望这些行动能控制那里的贸易线。因此,苏格兰至挪威的航线就不再位于赫尔戈兰湾的控制范围内。贸易线就不再处于战略阵地"赫尔戈兰"的影响范围中。我方防御作战计划缺少防御的目标。因此,争夺北海制海权的战斗并未发生。赫尔戈兰湾过去、现在以及将来都是一片死海中的一个死角。

　　但是,我们一度从赫尔戈兰湾运用了制海权,用的是 U 艇,这种舰艇即便在远离基地的地方也有能力对敌人的贸易线施加持久的压力。为了反制这一威胁,英国人布了多条水雷带,试图包围赫尔戈兰湾。

　　如果我们再次研究一下北海整体,我们就会发现,双方都在坚守自身的战略位置。双方相距数百海里,都采用了防御作战计划,没有接触,没有互动,也没有战斗的目标。双方都准备全力保卫自己的战略位置和领地。双方都将主动权丢给了对方。

　　然而,二者之间存在着巨大的差异。

　　位于苏格兰的阵地控制着所有的国际贸易航道,包括我们的。但位处赫尔戈兰湾,什么也控制不了。

　　征服苏格兰将会有利可图,因为那里蕴藏着世界的财富;我方阵地却空无一物,不值得进攻。

　　英国人保卫那里的阵地是有意义的,占有了那个阵地就有了胜利的希望;保卫我方阵地却毫无意义,因为它什么也没有。

　　我方舰队每次出击,都在这片海域巡航。从战略角度来看,这种巡航什么也带来不了。

英国人的防御作战计划是正确的,德国人的防御作战计划是错误的。

对一处无价值的战略位置坚持不懈是无意义的。

如果德国的"作战计划"是基于不带偏见的理性之上,而不是对英国人进攻精神的信念之上,这些考量就可能使舰队采取战略进攻作战计划,即以改善战略位置为目标的战略进攻。

(2)波罗的海的情况有所不同。我们在这至少拥有稍微充分一点的战略位置。因此,我们的任务就是从这个位置运用海上控制,掩护并保卫瑞典与德国之间的贸易线,在西线陷入僵局后,这对我们至关重要。占领奥兰群岛,或者如后来所表明的那样,征服利巴瓦和波罗的海能有效地改善我们的战略位置,①只要俄国人一直消极被动,这一行动对于波罗的海的军事行动而言就不紧迫。我们在这里的作战计划必然是防御性的,因为该计划的任务就是防卫。

这一任务的完成依赖的并不是波罗的海相对弱小的海军部队②——如果俄国人变得积极主动,该部队的力量根本不足以对抗他们——而是集中于北海的"公海舰队"的力量。结果,正因为基于正确的战略基础之上,我们的作战计划对北海舰队的战术行动产生了易于理解的影响。波罗的海安全的威胁来自英国而非俄国。

---

①　海军方面,1917年10月,埃尔哈德·施密特海军中将(Ehrhard Schmidt)带着公海舰队的10艘战列舰猛攻了里加湾,夺取了奥伊塞尔岛、月亮岛与达戈岛,俄国战列舰"斯拉瓦号"被重创。BA-MA,RM 47/126,127,128 "Albion." Kommando d. Hochseestreitkrafte。另见Herwig,"*Luxury*" *Fleet*,pp.236-237;A. Harding Ganz,"'Albion'——The Baltic Islands Operations",*Military Affairs*,42,April 1978,pp.91-97。

②　战争早期,海军元帅海因里希亲王(Prince Heinrich)指挥波罗的海由9艘巡洋舰构成的德国部队。1915年2月,舰队司令雨果·冯·波尔海军上将(Hugo von Pohl)曾短暂地想要打开丹麦的那些海峡并将现代无畏舰派到波罗的海去。最终,5艘"维特斯巴赫级"老式战列舰部署到了波罗的海,但出于对水雷的顾忌于1915年撤了回来。Herwig,"*Luxury*" *Fleet*,pp.167-168。

海军元帅提尔皮茨在他的《回忆录》(*Erinnerungen*, Leipzig, 1919)第300—301页就此讨论道：

"因为我方舰队未被击败，北欧诸国，包括荷兰，就能在面对英国的威胁时保持中立地位。在20世纪第一个十年的时候，我们的舰队还很弱小，英国曾计划在日德兰登陆——换句话说，英国曾试图以后来对待希腊的方式蹂躏丹麦。[①] 但由于德国舰队的存在，这一计划不再可行。

"想象一下我方舰队被彻底击败，这将对我方经济和军事处境造成怎样的后果。有一条犬牙交错，或甚至受到严重威胁的北线，我们将无法维持东线和西线。"

正如元帅所述，在整个战争进程中确保波罗的海的安全极为重要，考虑到舰队的劣势地位，这一明显的事实必会提醒舰队小心行事。因此，舰队在北海的一切行动都不得不着眼于波罗的海的安全。

波罗的海和北海的战略是一个整体，不可分割，因为完成这两个战场上的任务所依赖的是同一支舰队。

因此海军领导层的任务就需要从防御转向战略进攻，并使我方战略进攻作战计划朝着显著改善我方战略位置的方向前进。我们的战术将支持能够确保波罗的海安全的战略。

达成这一目标最合适的方法是继续推进我们在法国的攻势，向远至布

---

① 魏格纳所说的对于希腊的"蹂躏"大概是1917年夏康斯坦丁国王被罢黜、希腊人在色萨利的收成被抢，这两项行动都是在法国人的要求下进行的。1917年6月28日，希腊在厄鲁塞瑞尔斯·韦尼则洛斯(Eleutherios Venizelos)的领导下向同盟国宣战。George B. Leon, *Greece and the Great Powers*(Thessaloniki, 1974), p.489; Paul Guinn, *British Strategy and Politics 1914-1918*(Oxford, 1956), pp.97、103-104、256。约翰·费舍尔海军上将(John Fisher)曾计划在东面登陆，尤其是在1907—1908年的战争计划中；他最倾向于进行两栖登陆的地点包括波美拉尼亚、叙尔特岛、博尔库姆岛的海岸，甚至赫尔戈兰。费舍尔将陆军视为"海军射出的炮弹。"Samuel R. Williamson, Jr., *The Politics of Grand Strategy: Britain and France Prepare for War 1904-1914*(Cambridge, Mass., 1969), pp.105-107。

雷斯特的大西洋前进，与此同时封锁波罗的海。

马恩河战役暂时妨碍了这一目标。因此我们不得不寻求另一条通向大西洋的道路。下文现在就要描述这一经过斯卡格拉克海峡和挪威的道路；如果那里的北方航道占据了舞台中央的位置，那么究竟哪一条道路（法国西侧还是跨过海洋的北侧）才是最佳道路这一特定问题仍尚未得到论述。本书将持续关注北面的这条道路，如此选择仅仅是因为在战争的绝大部分时间里我们对这条视线之内的道路视而不见，因为我们本来可能已经选择了这条道路，而不用假定陆地上的战争进程已发生了变化。

3. 向大西洋前进

（1）无论好坏，一方所坚持的，已经在战略上变成防御态势的任何一种战略位置的目标都是运用海上控制，即从这个位置上控制贸易线。

在我们所能触及的地方就存在着这样一条贸易线：汇聚自丹麦、瑞典与挪威，流经卡特加特海峡和斯卡格拉克海峡，取道设得兰群岛，奔腾流入大西洋；人们会认为我们保有的这一特别不利的战略位置一定会促使我们寻求这最后一条能够获取的贸易线；人们会认为，正是因为控制这一条贸易线是防御作战计划的目标，这一运用海上控制的迫切需要可能足以指引并驱使我方海军领导层采取一种进攻性的战略。

总司令部最高统帅部的态度有所不同。我们允许丹麦人用水雷封锁了丹麦诸条海峡的出口，我想我们甚至对那里、对我们、对波罗的海的控制提供的保护有所感激，仿佛波罗的海的安全并非仅仅依赖于我方舰队，仿佛一旦德国舰队不再支持他们，丹麦人的权力和意志也不会立即崩溃一样。

丹麦海峡的屏障对流经卡特加特海峡的贸易线产生的影响更加有力。贸易从那些屏障之后穿过，我们无法触及。在丹麦中立的伪装下，英国免费获取了一条贸易线,连一条渔船都用不着部署。

换句话说:

尽管战争爆发时就感到自己的战略位置是"饱和的"并保持了防御态势,英国仍然能在"丹麦海峡屏障"的帮助下获取"丹麦"这一战略位置,并因此能将它的封锁线推进到基尔港口。

我们未能看到这一联系,或者说至少未能意识到它在战略上的重要性,因为我们的倾向是纯战术性的,我们只看到战斗"本身",从不对战略背景有所疑问。

(2)因此,德国战略进攻作战计划的核心本应是打开这些丹麦带峡,就使用其领海与丹麦人达成谅解,并控制北方的贸易线,这些行动本能将我们的舰队从赫尔戈兰湾的痛苦囚禁中解脱出来。英国通过政治手段获取这一战略位置后,这一计划就变得更加明显了。[①]

这一作战计划是真正的战略进攻。我们通过丹麦带峡的屏障之时,就是我们打破英国封锁开始运用海上控制之日。英国是否为此与我们展开战斗无关紧要。英国的反对越少,这一位置就能更加快速和完全地落入我们手中。战略和战术就能形成相互促进的有利关系,因为所有战术行动的背后有了一个战略计划,即征服这一位置。

如果每个战略进攻作战计划的目标都是改善战略位置,那么这一位置改善到何种程度就成为这一计划的试金石。只有最重要的优势才有需要提出来:

---

① 1914年8月5日,德国询问丹麦,是否应用水雷封锁丹麦的那些海峡,哥本哈根表示同意。10月14日,英国通知丹麦(以及其他斯堪的纳维亚国家),它将允许货物运往丹麦,只要石油、橡胶以及铜不再被出口到德国。此外,英国要求所有驶往丹麦的船只先进入英国港口接受检查。当丹麦人拒绝了这一要求的时候,皇家海军就在公海上阻截通往丹麦的船只并搜查违禁品;1914年,几艘美国驶往丹麦的油船也遭到了如此待遇。Marion C.Siney, *The Allied Blockade of Germany 1914-1916*(Ann Arbor,1957),pp.44-46。

与丹麦达成的政治协议将使我们获取通往波罗的海的钥匙。我们能从北方掩护丹麦诸条海峡,并因此让波罗的海免遭英国魔掌。在英国看来,由于不再有必要为波罗的海担忧,我方舰队就能变得行动自如。[①] 此外,北方的贸易线将转移到我们手中,控制了这些贸易线我们就掌握了对北方各国施加压力的手段,就政治影响和声望而言,我们的权力也将有所增加。最后,舰队驻扎之后,我们在卡特加特的位置将对英国的位置构成威胁,我们将因此有了在大西洋行动的希望。

4. 大西洋门户

(1)一旦我们牢固地占有了卡特加特这一位置并对其进行战术开发,舰队也做好了进行新行动的准备,我们是否应坚守这一新获取的位置,即保持防御态势并在这个位置上力图运用海上控制就成为必然会出现的问题。

假设我们已经暂时在这个意义上做出了决定,只有设得兰群岛和挪威之间的贸易线能考虑运用海上控制。

在面对我们对这一贸易线形成的威胁时,英国是会为此与我们战斗,还是仅仅将贸易线重新往北部署以使之超出我们的影响范围呢?很难说英国会做些什么。可能发生些什么仍是一个开放性的问题;英国要么放弃这一贸易线,要么不经战斗就将其撤出我方势力范围(以采取一条更加靠北的路线),这一可能性的存在是评估德国由此获得的战略处境时唯一重要的问题。

英国面临的这一选择表明,一处战略位置的价值并不取决于某些贸易线的存在本身,而是取决于这些贸易线对一方自身或敌人切身利益的重要

---

① 即便我们在西线的进攻取得了成功,为了获得在大西洋行动的自由,我们也不得不以这样的方式保卫波罗的海。无论如何,我们都需要这一通过波罗的海的钥匙。——作者注

性。由于这一贸易线对英国而言并非生死攸关——它的贸易大动脉都安然无虞地分布于大西洋——即便情况变得雪上加霜,英国也能够承受住我们在卡特加特位置上形成的威胁。

英国可能为此与我们展开战斗,它也可能拒绝这么做。

但那时我方舰队的出击就又会变成防御性质的战术行动,可能存在的接战就又会成为没有直接战略效果的战斗"本身"。

尽管如此,我们在斯卡格拉克海峡的海上位置将比赫尔戈兰湾更好,因为我们将能自由处置从丹麦斯卡恩延伸至埃姆斯河的一处作战基地,并享有这样一处基地带来的一切战术好处。尽管缺少战略价值,从一处已经威胁到英国的位置发起的战斗将或多或少具有争夺这一位置的特点。

然而,从战略上讲,德国仍然没有"饱和"。一如以往,采取战略进攻的压力仍在我们一方。

(2)考虑到我们在卡特加特的位置仍将不充分(没"饱和"),战略进攻将受到一条确切法则的支配,即进攻作战计划无情地推动海军领导层从一个位置前进到另一个位置,直到至少获得了战略位置上的平等,或者可能的话,获得优势。尽力维持海上控制的行动将要开始,对于海上贸易动脉控制权的争夺将要开始。

战略位置就是地理位置,进攻性战略除了获取一处用于发动争夺海上贸易交通动脉战斗的地理位置外别无其他目标。一方必须能在贸易线活动的范围内运动,只有那时才能为之战斗。

只有一方有能力夺取一处贸易线的控制权时,敌人才会被迫为保卫它而战斗。

很明显,海上作战计划只依赖于战略位置,而非舰队的相对力量。战略位置和作战计划本质上都是地理性的,由地理所决定,不因人类意志力转移。与舰队的相对力量无关,位置和计划持续指向战略进攻的终极目标:地理位置的平等。海军战略的本质总是地理性的,依赖于地理战略位置。人们在专业海军文献中通常喜欢用"战略"一词表述战区行动,然而,在与敌人接触时,这类行动容易变成战术行动。

因此,海军战略是关于地理位置及其与贸易线相关的变动和停滞的科学。进攻性战略就是获取优势地理位置,防御性战略就是地理位置上的停滞。

这一概念对陆军而言也是一样的。进攻性战略意指获取优势地理位置,防御性战略意指地理位置的停滞。

差别在于,就陆军而言,战略被限制在一个相对较小的空间内,但考虑到地形的多变,陆军面临更多的可能性。陆地上的战略是无常且灵活的。然而,海上的战略受到海岸构造的限制,取决于战略位置与海上航线的地理关系,没有太多可能性。海军战略延伸于广大的区域,无法在不损害自身名声的情况下受到在历史进程中偶然地画于地图上的领土界线的约束。

战略进攻作战计划为地理所决定,这没得选。

尽管作战计划的一般性推动力与舰队力量的比例关系相互独立,该计划的战术执行以及有关一方能够前进多远的问题高度依赖于这一关系。一方的自我评估以及舰队力量决定了它在通往最终目标的道路上选择单个阶段的决心,以及它从一个阶段转到另一个阶段的方式。

然而,即便一方迫于敌人的优势力量而维持战略防御,坚持进攻的意向将使战略进攻作战计划保持生机。

有两件事就能扼杀进攻计划:

a.缺少一个地理目标;

b.一方主动放弃战略进攻,从而将糟糕的战略位置转换成防御作战计划的意愿。

这就是我们在这场世界大战中的命运。

(3)我们推进攻势的下一阶段将是挪威南部,当然,我们首先得将它从英国的压迫中解放出来。

没必要认为我们不太可能采取这一战争政策,我方舰队将取道丹麦海峡进入卡特加特展开行动,促进这一政策的完成。我方政治领导人是否会同意侵犯中立国的政策还有待讨论。但是,如果陆军司令部和海军参谋部都同意的话,在西线受阻后,只有通过这种方式才能使整场战争继续下去,如果它们竭力权衡事态并坚持立场,那么政治领导人或许能被说服。当然,人们必定认为,只是因为地理位置上的巧合就陷入了强国之间世界大战的国家将急切地渴求交涉,并希望与如当时的德国这样强大的实体保持良好关系。如果人们不认为这些国家的政治家能够看到以下事实,那就是低估了他们的才智:德国只有受到严厉的战争必须所迫时才会提出要求,这些要求在战争中的持续时间也是有限的,并且只要不促使德国对中立国产生敌意,这些要求或许也可以讨论。当然,出于自身利益,这些国家或许会感到没必要向我们开放边界。但是,他们肯定做好了交涉的准备,这是没有疑问的。

(4)要完成这一战略进攻理论的讨论——现实简化了这些事——我们将不得不从北海跳到挪威,最终征服一处地理位置——例如设得兰群岛——并在那里扎根。假如从北海到挪威的跳跃取得成功,设得兰群岛这一必须以武力打开的大西洋门户就将成为目标;而能否达成这一目标则有待战斗决定。英国就将在最后时刻被迫战斗,不是为了声望或者其他的东西,而是为了防御一处战略位置,以决定谁应当占有这一通向大西洋的门户,英国还是我们,以及谁应当赢得海上的战争,英国还是我们。

当然,我们可能会发现这一战斗——我们经常要求在赫尔戈兰湾进行的战斗——并不只是一场普通战斗,而是可能超出我们要求的战斗。

但是,所有的战斗都将在有利的战术条件下进行,即在我们基地的附近,在我们弱小的侦察部队能够进行联络的、相对狭小的水域进行。① 考虑到所涉及的距离短,沿着我们从挪威到埃姆斯河的这一段海岸可登陆的地点众多,我们可以部署飞机和飞艇进行侦察,这些装置即便在逆风条件下也能运行。

舰队司令将不用被迫在侦察不足的情况下盲目出击,他将因此获得充足的情报;机会众多,他将自由地选择是否接战,以及什么时候接战。我们将对英国构成威胁,我们将进行战略进攻;主动权,这一领导者最伟大的财富将掌握在我们手中。

每一场战斗,以及每一次小规模冲突,都将有助于促成决战。只有能够最大限度地进行战略利用的战斗才会存在——而不是战斗"本身",无法进行任何战略利用战斗产生的效果是苍白无力的。如果我们利用好日德兰海战的即时效果,提出了丹麦带峡的问题,随之将这一战斗置于战略基础之上,并因此意识到了我们的战略目标,这场战斗将取得持久的成功。②

北海北部争夺大西洋门户的这场战斗,是对英国战略位置的进攻,必定会进行到底。没人知道结果将会如何,就此猜测也没有意义。

---

① 距离:挪威——设得兰群岛　180 海里;斯卡帕湾——设得兰群岛　120 海里;福斯峡湾——设得兰群岛　240 海里;威廉港——日德兰战场　180 海里。——作者注

② 人们如今普遍认为,德国在日德兰取得了战术上的胜利:英国损失了 14 艘舰艇,总计 111000 吨,包括战列巡洋舰"不屈号""无敌号"以及"玛丽女王号",德国损失了 11 艘舰艇,总计 62000 吨,包括前无畏舰"波美拉尼亚号"以及战列巡洋舰"吕佐夫号"。就战略而言,日德兰和特拉法尔加一样具有决定性:德国人被赶回了家,只在 1916 年 10 月和 1918 年 3 月有过两次出海;就像特拉法尔加之后的法国人、日德兰之后的德国人以对驶向英国的商船以无限制潜艇战的形式转向了贸易破袭战。Herwig, "*Luxury*" *Fleet*, pp. 188 - 189。Marder, *Dreadnought to Scapa Flow*, Ⅲ, p.205, 写道:"英国人对海上交通线的控制未曾受损。"

第二章 战略防御

对战争爆发时一方所处的战略位置进行彻底的研究包括两个方面。

第一,该研究展示出什么方法最有效;第二,一方未采取最有效方法时的处境怎样。就我们的情况而言,对处境的比较分析所展示出的反差本应使采取战略进攻的需求更为明显——或者,由于我们未能采取战略进攻,本应至少使我们清晰地了解我们所坚守并保持防御态势的位置。因此,我们的下一个问题将是调查赫尔戈兰湾的战略属性。

1. 赫尔戈兰湾与海军战役的关系

如果我们考虑一下 17 世纪的英荷海战,我们会发现双方所处的战略位置都是由各自的海岸所决定的。[1] 一面是泰晤士河,另一面是尼德兰的海岸线;中间是流向泰晤士河与荷兰港口的世界贸易。双方的战略位置都无法得到改善,因为每一方都缺少地理目标。因此,双方被迫维持他们的位置,进行战略防御。然而,双方位置的价值几乎等同,使每一方都有能力运用海上控制,即为占领关键海上航道而战。

---

① 关于英荷战争,见 C.R. Boxer, *The Anglo-Dutch Wars of the 17th Century*, 1652–1674 (London, 1974);P.G. Rogers, *The Dutch in the Medway* (London, 1970)。

这个例子表明,海军战役依赖于两个因素:第一,舰队的存在;第二,战略位置。如果缺少其中一项前提条件,海军战役就停止了。如果缺少舰队,海军战役在开始前就结束了,因为没有舰队就没法进行海战。如果缺少同等的战略位置,海上航道就会越来越向优势位置转移——考虑到各自位置之间的巨大差距——直到弱势的位置再也无法触及大动脉。即便存在一支舰队,海上的战争也会告终。

我们的例子就是战略位置极端不平等的案例。我们在赫尔戈兰湾的位置上无法触及,更无法控制位处大西洋的国际贸易大动脉。

拒绝战略进攻——未能朝着大西洋的方向进行地理上的推进——因此意味着完完全全地拒绝任何类型的海战。我们建造了一支舰队却未能使用它。如果司令部清楚地意识到了这一点,它将成为推动战略进攻最有效的手段。不进行战略进攻便无法赢得一场海上的战争,除非准备好接受这一前提条件,否则不可能得到回报。但那却正是我们的愿望以及我们对舰队的要求。

我们无法从赫尔戈兰湾赢得海上的战争,因为我们无法从那个位置进行战争。只要我们在那极端糟糕的战略位置上继续执行战略防御作战计划,我方舰队行动就对海战的胜利毫无影响。

然而,如果我们决定战斗,我们可能输掉海战,也可能将波罗的海的控制权拱手让人。

2. 战略"真空"

(1)每一场海上战争都以为己方航运获取海洋自由为中心。由于地理位置的原因,英国宣战时我们就丧失了这一自由。只有占据了有利的地理位置进而控制了贸易航道的国家,才能在战时获取这一自由。"大舰队"剥夺了我们的海洋自由,仅靠维持自身战略地理位置便使我们屈服了。①

因此,只要对方接战,我们就可以在北海进行所有我们想要的战斗,但是地理——一切有赖于此——丝毫都不会改变,海洋自由仍将遥不可及。

因此,公理如下:

北海的一切舰队行动都不会是决定性的。

(2)人们无法改变地理。由于我们当时认为,战斗将在这场战争中为我们带来胜利,我们对舰队的要求恰恰是改变地球表面的构造,但这是不可能的。

因此,公理如下:

由于战斗而丧失的,或许能通过战斗重新获得;但是,由于地理丧失的,只能通过地理重新获得。

(3)如果战略位置等同,战斗就是决定性的。对海军领导层而言,就像在陆上的战争中一样,舰队就完全成为战争目标。但是,在北海这样的位置上,地理才是决定性的。对海军领导层而言,那时舰队就不再是战争目标。

所有的可能都存在于这两大限度之间。陆战中清晰明了的事到了海战中就变得灵活多变并依赖于地理。

因此,公理如下:

海军领导层依据舰队进行战斗的地理位置来决定它们是否成为战争的目标。

(4)因此,地理决定了一场战斗的重要程度。战略性的战斗与战斗本身有着根本差异,因为,给定的地理位置在每场战斗中都隐藏在背后,被人

---

① 魏格纳指的是,英国通过关闭多佛海峡阻止了德国进入大西洋的道路,将大舰队驻扎在奥克尼群岛间的斯卡帕湾(后来也驻扎在罗赛斯),使德国无法利用苏格兰与挪威之间的水道。此外,英国人大战前夕放弃了1912年的"监视性封锁",转而"在北方水域依靠苏格兰海岸和群岛"进行远程封锁。Arthur J. Marder, *From the Dreadnought to Scapa Flow: The Royal Navy in the Fisher Era*, 1904–1919, I (London, 1961), p.372。

忽视。这一地理性因素同样表现在"进行战斗的战术意愿"中。一方可能曾经具有强烈的进攻倾向，但在一切都不再依赖于战斗的情况下，"进行战斗的战术意愿"也不复存在了。即便一方仍以为自己拥有这一意愿，他也不再有战斗的意愿了。剩下的只有破坏的意愿。[①]

只要公正地检视北海发生的事，透过战术行动的表象，就能注意到双方所有的行动都体现了这一地理状况的特点。交战双方所有的决定都没显示出进行决战的意愿，从中浮现出的只有进行破坏的意愿。

因此，公理如下：

"进行战斗的战术意愿"与地理相关联。

发起战略进攻的压力存在于世界大战中的德国海军领导层一边，舰队发现自己身处北海的战略"真空"之中。

3. 战斗"本身"

当缺少"战略位置"这一海战的一大要素时，就会出现一个不同寻常的现象：由于地理位置的原因，尽管存在着一支舰队，它却是被隔绝于战争之外的。

一方为之战斗的地理目标并不存在。

我们在决定性的时刻将舰队推出了战争的潮流。它的活动是徒劳的。

很明显，在这种条件下进行的战斗必定具有不同寻常的特点。因此，我们应更加细致地检视这一战斗。

[①] 许多德国海军军官渴望与"大舰队"交战，仅仅是为了进行破坏，关于这一点，见 Holger H.Herwig, *"Luxury" Fleet: The Imperial German Navy 1888-1918*(Atlantic Highlands, New Jersey,1987), pp.158-161。玛格努斯·冯·勒维佐夫(Magnus von Levetzow)，舍尔海军上将的作战局局长，直到1931年4月9日才告诉一名英国同行邓克利(H.Dunkerley)："舰队行动，只有舰队行动现在是、过去一直是、也将一直是海战的必要条件，它能解决一切其他难题。" Bundesarchiv-Militararchiv, Nachlass Levetzow, N 239, Vol.43。

（1）对战争而言，如果战斗仅仅是战术性的活动，它便毫无意义。战斗只有在移除阻碍战略目标的障碍时才对战争具有意义。根据克劳塞维茨的学说，战斗是达成战略目标的手段。[1] 海军战斗只有在征服了一处战略位置；或者开始踏上掌握海上控制权之路，或使这种控制成为可能时才具有了决定性的意义。

因此人们可以清楚地看到，同样的因素主导了海军战斗与海上战争，促成了战斗的发生。海上战争由战术和战略两部分构成。行动构成了战术这一部分，效果则构成了战略的部分。正如北海的情况，如果缺少了战略部分，效果也就没有了，剩下的只有战术部分。如果缺少了战略目标，战斗便不再是手段。战斗就变得"漫无目的"并因此成了目的本身。

因此，战斗"本身"是一种战术性现象，对战争进程不具有决定性意义。

（2）英国在自身位置上就占有了一切，而我们却放弃了战略进攻。在我们的位置上，我们一无所有，因此英国也放弃了战略进攻。当双方都放弃了战略进攻时，任何一方都无意从另一方夺取什么东西。人们不会毫无目的地战斗。

那么也就不再需要战斗了。不再必要的战斗变得依赖于偶然性，[2]"偶

---

[1]　Carl von Clausewitz, *On War*, eds. Michael Howard and Peter Paret (Princeton, 1976)，第97页强调，进行战斗仅仅是为了"进一步的目标"，战斗力"与目标，而不是手段相关。"尽管魏格纳将战略归为"目标"，克劳塞维茨无疑会更倾向于使用"政治"一词。"战争是……迫使我们的敌人按我们意志行动的暴力行为"（第75页）。

[2]　古斯塔夫·冯·舒尔茨（Gustaf von Schoultz）说，"大舰队"那时之所以出海，并导致了日德兰海战，是因为"大舰队"曾希望在卡特加特海峡进行示威，以便减轻波罗的海俄国部队的压力，而我们却错误地认为，日德兰海战是我方第三舰队司令（舍尔海军上将）改变战略的结果。英国人并未考虑我方战略变化，这很自然，因为我方的战略从未改变。我方所有舰队司令的战略一直都是战略防御。因此，日德兰海战是一场意外的战斗。——作者注

此处指的是 Gustaf von Schoultz, *Mit der Grand Fleet im Weltkriege. Erinnerungen eines Teilnehmers* (Leipzig, 1925)。关于俄国海军司令对导致日德兰海战的战略的评论，见 Gustav von Schoultz, *With the British Battle Fleet: War Recollections of a Russian Naval Officer* (London, 1925)，pp. 110-111、165-167。

然性"一词指的是必然与战争的不确定性联系在一起的一切误算和无法估算的事。

战斗"本身"是偶然发生的,没有战略动力。

(3)人们从不进行不必要的战斗,但总会有偶然发生的战斗。这场战争在四年的时间里都未发生一场战斗是非常自然的。这个世界上存在着某种难以估量的事:领袖的责任感。对各自国家的海权负有责任,且必须送人去死的海军将领们,想要发自内心地认为,这些是不可避免的。这种感受对英国和德国的舰队司令都适用。为了活命,战斗只有在一方需要占有另一方为了活命也不敢交出的某物时才会发生。这个"某物",即贸易航道,并不存在于北海。"如果我们进行了战斗,那我们就会……",人们错误地构想出这一著名命题。即便是这个"如果",也是幻觉。北海的战斗仅仅是思想和意图的战斗。

战斗"本身"并不存在。

(4)如果取走了战斗的内核,即它对战争的决定性影响,那么除了表皮或作为战斗表象的物质损伤之外,什么也无法剩下。无论人们将之称为战斗还是小冲突,与敌人的交战只能造成或多或少的物质损伤。

双方任何时候都可能主动进行这种没有战略动力的交战。只要将船开到敌方海岸并等上适当的时间,战斗就一定会发生。①

因此,从战略上讲,这样的战斗将如下所示:

对于受到进攻的一方而言,战斗将在岸防范围之内,因为,除了对光荣职责的愧疚之外并不存在进行战斗的战略动机。对于进攻者而言,该战斗

---

① 魏格纳在本书 1941 年第二版中补充道:"处于劣势的舰队必须时刻准备好与敌方占据优势的主力部队作战,为此它必须拥有强大的侦察部队,能够迫使敌方侦察部队返回主力部队身边并搜集情报。而我们没有这样的部队。侦察部队和鱼雷艇部队是按照在赫尔戈兰湾 100 海里半径内进行的战斗而设计的。日德兰海战暴露了这一局限性,杰里科能够搜集我们的情报,而我们却无法搜集他的情报。"

在防御任务之外，不再具有战略目标。进攻将变成纯粹的战术行动，进行破坏是唯一的动机。然而，就此而言，在敌人家门口进行的战斗从战术上讲可能是在最不利的场所进行的。因此，双方都不会选择用这种方式作战。开阔的北海地处任何一方近岸海域之外，宽泛地讲，在此进行的战斗不仅对其中一方，而且对交战双方来说都是防御任务之外的战斗。对双方而言，这样的战斗将变成纯粹的战术行动，只有削弱敌人这一个目标。

结果，双方都有意无意地准备只在有利的时机和地点进行这样的战斗。

然而，打击敌人的有利时机会转化成局部优势。无论在何种条件下，一方都要，也必须避免仅仅为打击敌人而设计的交战突然导致自身的失败。结果，双方都不愿意踏入自身不再能完全控制的境地。"有风险"的想法一露头，哪怕很微弱，打击敌人的意愿就会减弱。因此，为了完成这种仅仅为了打击敌人而设计的行动战斗到底的意愿就不存在了。

舰队不再是海军领导层的宏大目标，它已经下降为仅仅可能被敌方削弱的目标。

海上战争从战略退化成等待有利时机的捉迷藏。

战斗"本身"的目标在于打击敌人，争夺有利时机。

因此，战斗"本身"没有动机，没有战斗目标或意图。战斗是偶然性的，与战略相分离。即便发生了战斗，它也只是为了打击敌人，对战争没有影响。我们的作战计划对这种战斗充满信心，将那些它恰恰不具备的品质赋予了它，即生存价值与决定性的战争意图。在这场战争中，施加给我方舰队的任务是将这种幻觉、这种想象出来的决战写进这场战争的历史，使之变成现实。

我方任务是无解的。

第三章　北海的形势

我们为自身设定的任务最终展现出二元论在海战中占据了上风,两项因素必须携手并进,海军战役与海军战斗才能成功。

一支舰队必须拥有一处战略地理位置,反之亦然。舰队并非漂浮在空间中什么地方,而是真实存在于每一个特定的作战环境中,它的所有任务都受到限制。即便是战斗,也不是随意地存在于空间中的绝对因素,只有在与舰队战略基础的关系中才能理解。人们不能像我们的海军作战计划、像专业文献讨论这场战争时经常做的那样,简单地无视这一战略基础。这种疏忽会产生错误的结论。只有在与赫尔戈兰湾战略基础的关系中看待它时,舰队在这场战争中的战术行动才能呈现出真实的面貌。因为,地理基础及其优劣才是战略,限定了人们要求作为战术武器的舰队所要完成的任务。

正如我们所见,我们对赫尔戈兰湾战略位置的坚持是错误的。我们现在就将研究这一错误作战计划的影响。

1. 防御战与战略冲动

英国的战略防御作战计划从来不是驱使"大舰队"交战的原因,我们从未威胁过,更不用说进攻过"大舰队"的战略位置。英国舰队的进攻动机首先源于岸防的任务,包括保护部队运输(已经在地理上得到了很好的保护),

其次源于监视我方舰队行动并在有利时机出现时打击我们的军事计划。

英国舰队及其各部的巡弋源于这些军事动机,从来都不是出于战略必需。"大舰队"从不曾被迫在不利条件下在赫尔戈兰湾附近与我们战斗,尽管它是准备保卫自身海岸并抓住"有利时机"打击我们的。

考虑到我们的战略防御作战计划,我们的任务也是一样的。我们必须保卫我方战略位置与海岸,由于我方海岸线极为有限,这两者其实是一回事。我们也从未被攻击过。结果,考虑到我方战略防御作战计划,我们也没有进攻的动机。但是,打击敌人这一唯一的军事动机向我们灌输了"有利时机"的观念。

这两支舰队的任务可能看起来很像,事实上,正如我们"有利时机"的概念所表明的,它们之间的差异非常深刻。我们不想在任意的时间和地点求战,但希望通过我们的活动创造出将英国舰队拖到我们附近的形势。[1]

舰队有意通过自身活动促成交战。这种冲动存在于我们一边。我方防御作战计划战略上的错误被这一冲动揭露了出来。坚守赫尔戈兰湾进行战略防御是错误的。只有通过进攻才能将舰队从这个位置上解放出来。由于我们既没有意识到战略出了错,也无法发展出战略防御的清晰概念,战略的冲动就被降低到战术的层面上了。我们曾以为,通过舰队的突击,我们进行的是战略进攻,[2]我们错将战术进攻当成了战略进攻。我们试图以战术行

---

① 魏格纳在此处增加了一则脚注:"Tirpitz, *Erinnerungen*, p.317." Alfred von Tirpirtz 在 *Erinnerungen*(Leipzig,1919)第 317 页解释道,在战争的早期阶段,他曾希望将"大舰队"的各个孤立的单位或编队引诱到赫尔戈兰湾,在那里将它们各个击破("各个击破"指的是德国"部分胜利"的观念,即抓住并击败占据优势的"大舰队"的孤立舰只或编队,以取得力量上的对等,这是海上决战的先决条件)。"我并不是说无论如何都要求战,在任何给定的地点都要求战。"

② 魏格纳在此处注道:"Ibid., p.324." 指的是 Tirpitz 在 *Erinnerungen* 第 324 页引用了威廉二世 1915 年 9 月 7 日的命令,警告海军军官不要批判海军领导层的谨慎战略,这会对其造成损害。皇帝提醒他的军官,舰队的部署需要依据战争的总体军事和政治进程来安排,无论他们多么渴望不惜一切代价也要交战。

动弥补战略上的错误。下文显示这是不可能的。

我们想迫使英国人靠近我方位置。然而,我们在北海的巡弋并未对英国人造成战略压力,既未伤害到他们,也未削弱他们。对英国海岸(雅茅斯等)的轰炸也只是针对无用目标的行动,这类例子中的压力并非战略性的,完全是局部性的,在英国岸防半径外未能造成任何影响。因此,德国舰队司令没有在他所希望的时间和地点迫使敌人交战的力量和手段。如果一方希望较为确定地引发一场战斗,而不是纯粹靠运气,他就必须突入英国舰队在北海惯于巡航的那部分区域①——这是对这场战争的战术演示所带来的不可避免的结论。纯粹的运气除外,我们将被迫在适合英国人的时间和地点,在当然与我们"有利时机"的概念相冲突的条件下迎战。这次事件之后,人们是不能完全无视"大舰队"实际优势的,必须承认,考虑到我方舰队的劣势,它有权有自己的"有利时机"的概念。我们未能将英国人吸引过来,相反,英国人把我们吸引了过去。② 由于身处糟糕的位置,战略压力是存在于我们一边的,英国人没有这样的压力。因此我们追求战斗却不问目标,这个可以以后再说。英国人并非由于舰队占据优势才控制了局面,这是他们绝

①　魏格纳在此处增添了一则脚注:"See v.Schoultz.'大舰队'通常不会在北纬56°(福斯湾的纬度)以南的地方活动。"Gustav von Schoultz, *With the British Battle Fleet*: *War Collections of a Russian Naval Officer*(London,1925)第165页写道,杰里科海军上将"一如往常,继续带着英国舰队在北海北部巡弋,没有跑到北纬56°以南。"

②　研究一下下达给作战计划的补充命令是如何一步步朝这个方向发展的是非常有趣的。当英国人没有出现的时候,每一份补充命令都逐渐增加了舰队司令的活动自由。封锁依然存在,只是封锁的范围扩大了。根据封锁范围增加的幅度,整支舰队的突击范围越来越大,最远能到敌方海岸,这种行动取代了以夜间鱼雷艇攻击等追求力量对等的行动。在这个过程中,我们放弃了最初的力量对等概念。(Archiv für Politik und Geschichte,1927,Heft 1;Der Einsatz unserer Flotte im ersten Kriegshalbjahr.By Admiral v.Ingenohl.)——作者注

此处指的是 Friedrich von Ingenohl, "Der Einsatz unserer Schlachtflotte im ersten Kriegshalbjahr," *Archiv für Geschichte und Politik*, V(1927), pp.30-39。英格诺尔早前曾为自己的行动辩护:"Die Flottenführung im ersten Kriegshalbjahr und das Seekriegswerk". *MarineRundschau*, 28(1923), pp.1-9。人们甚至认为海军上将采取谨慎的海洋战略是受到他那英国妻子的影响。

妙战略位置的结果。"大舰队"掌控了局面,决定了我方战术行动的实质,最重要的战略资产掌握在英国人手里。这就是我方战略错误对我方战术造成的影响。由于这一错误是战略性的,只有通过战略才能加以补救。

无论采取哪一种战略进攻,事态都会有所不同。我们一突破丹麦带峡的障碍,英国就会知道我方海军领导层的意图,会被迫决定是让我们占领这个战略位置还是为此与我们战斗。我们会跨越英国的水域,英国舰队将不得不前来阻挡我们向大西洋前进,被迫在有利于我们的条件下战斗。无论我们接受战斗还是拒绝战斗,看起来都对我们最为有利。英国将被迫一次又一次前来求战,我们就有了选择"有利时机"的机会。北海的事态将彻底改变。我们将运用海上控制。我们会成为局面的掌控者并决定战术行动的实质。

每一次战略进攻都表明了对取得贸易线的渴望,透露出运用海上控制的意愿。敌人被迫在某个点上阻止这场进攻局势,无须发生争夺贸易线的行动,这场进攻中的战斗可能就已经决定了整场海战。但是,从赫尔戈兰湾进行的战争却给敌人提供了相反的情况——我们放弃了一切。如果我们赢得了马恩河战役,陆军能够为我们夺取"布雷斯特"这一处位于大西洋的位置,西线的进攻和通过丹麦带峡的进攻就会沿着相同的线路发展。那么荷兰就会在政治协商中取代丹麦的地位。作为必要的中间基地,斯凯尔特河的问题就会变得很严重。① 我们的战略目标是大西洋,这将变得很明显,"大舰队"会被迫将斯卡帕湾的基地向南转移,以阻止我们向布雷斯特移动。英国人会被迫阻挠我方舰队的每一次突击。因为一条终点位于大西洋

---

① 舰队参谋长阿道夫·冯·特罗塔海军少将(Adolf von Trotha)于 1917 年 4 月 21 日提出了类似的观点。他暗示,荷兰"地理上已经属于我们的利益范围。"斯凯尔特河的问题非常关键。"作为正对着泰晤士河的舰队基地,斯凯尔特河是我们拥有一条通过英吉利海峡的海上航道的关键。"BundesarchivMilitärarchiv, Nachlass Levetzow, N 239, Box 19, Vol.2:"为了国家的发展,德国需要什么样的海上阵地?"

干道的海上航道将要穿过北海,这片死海一下子就活了过来。我们会为争夺这条海上航道进行战斗,战斗会以我们能够接受的条件在我方海岸附近发生——和争夺大西洋门户的斗争完全一样。或许在北海之内争夺该目标的战斗就将决定海上的战争。但对于这一进攻而言,占有布雷斯特以及前往大西洋的意愿必不可少。

2. 防御战与战斗的军事效果

(1)假设我们侥幸在北海进行了一场预期中的日德兰海战。然而,就其对战争的影响而言,这场战斗将和真实的日德兰海战一样价值甚微,因为如上所言,北海的战斗没有战略上的动机。

死海北海无法决定任何正面的东西。即便取得了战术成功,战略位置仍将保持不变。只有与战略位置相连,每一次战术成功才能被认为是一次胜利。

这种思想对我们来说过于陌生,以至于在日德兰海战发生两年半后的战争中我们仍未看到这一联系。即便今天,我们仍然认为,我们之所以没能利用这次胜利,是因为它不够重要。

存在着无法对战争进程产生影响的战斗,这种思想对我们来说实在难以理解,我们一定会找一些图像过来,以便生动地看到我方的地理位置。因此,看看下面的例子:如果你能想象里海有两支舰队,①你会很容易看到,那里是否发生战斗,造成的损害有多大,或者哪一方赢了。世界海上航道的任何一只船都不会因此被迫偏离航向。的确,北海北端是开放的,只有被英国人控制的封锁线是关闭的。德国的作战计划从未破坏过这条封锁线,连想

---

① 关于里海的相似类比,见魏格纳 1925 年 9 月 28 日的备忘录(附录 C)。

都没想过。因此，封锁产生的效果和苏格兰与挪威之间存在着一条跨越洋面的坚固陆桥一样。如果我们想象一下这座陆桥，我们就会看到北海和里海是完全一样的。

（2）对英国舰队战争早期巡弋次数的计算让我们得出了错误的结论，即有多少次巡弋，我们就能有多少次战斗。我们始终只有一次机会，即我们意外获得的那次。没有明显的理由认为，英国舰队从这次战斗中得出的结论，与1914年8月28日我们在赫尔戈兰湾的行动后得出的结论有所不同。① 英国人各个编队的巡弋对应的是我们在赫尔戈兰湾的巡逻线，从战术角度来讲，它们都是反常的，因为它们会成为优势力量的打击对象。遭到最初的失败后，这些巡弋就会停止，正如我们的巡逻线在8月28日后那样做的。我方仍旧着眼于"这场"大战，未能看到出现的机会：为了不给英国人准备一次"8月28日"，我们在战争早期丧失了一次机会。

此外，除了英国人从日德兰海战中得出的那些具体结论，没理由认为"大舰队"会从这样的战斗中得出其他什么结论。② 英国那时可能已经变得更加谨慎，为了引发第二场交战，我们将不得不走得更近，也许得到靠近英国海岸那么近，就像我们1916年8月做的那样。③ 那时我方行动就不是自

---

① 1915年1月11日，考虑到德国1914年8月在赫尔戈兰湾损失了三艘轻巡洋舰，威廉二世命令他的海军部队避免与优势敌军单位交战，以保存舰队实力，成为未来的"重要政治工具"。结果，所有对英国海岸的袭击行动都需要预先得到皇帝的正式批准。BA—MA，RM 2/1983 Kais.Marine Kabinett.Allgemeine Erwägungen，Vol.3.

② 英国人从日德兰海战中得出的结论并没有改变"大舰队"的战略，相反，他们研究了战术教义、指挥体系以及物资方面的明显缺点。德国于1916年8月袭击桑德兰之后英国人的战略才发生了变化：出于对水雷、鱼雷以及潜艇危险的顾忌，杰里科海军上将命令舰队在"特殊情况"以外都要待在霍恩斯礁平行线北侧。"特殊情况"指的是德国入侵不列颠诸岛，或者远海出现了逮住"公海舰队"或其分部的"有利时机"。见 Arthur J. Marder, *From the Dreadnought to Scapa Flow：the Royal Navy in the Fisher Era*, 1904-1919, III（London, 1966）, pp. 212、227-232；以及 *History of the Great War. Naval Operations*, IV, ed. Henry Newbolt（New York, 1928）, pp.1-18。

③ 桑德兰袭击。

主选择的,而是被我方战略位置所驱使的。日德兰的胜利导致英国舰队将我们吸引到了比以往更靠近英国的地方。为了防止一方不惜一切代价也要进行第二场战斗,战术行动不仅没有得到便利,还变得更加困难了。

我们能否在英国海岸附近再次战斗主要取决于英国舰队而不是德国舰队。事实上,受损的一方变得谨慎了,谨慎的程度则与其在这次失败中遭受的伤害成正比。

错失一次战术机会总是令人遗憾的。但这场战争的结局并不取决于此。只要我们将舰队限制在北海,无论有没有发生战斗,这场战争的常规进程总是一样的。这场战争进程中决定性的转折点依赖的并不是战斗,而是作战计划。

因为作战计划是决定性因素,战略进攻就会改变这场战争的进程。

如果德国采取了战略进攻,谨慎收缩兵力对英国人来说就毫无帮助。如果他们未能再次出击,我们就可以更加容易地向大西洋前进。但他们将被迫重返战斗,我们的每一次成功都将加大他们被迫与我们交战的压力。

3. 防御战与战斗的政治效果

至于这样的战斗会造成什么政治效果,就是个人信念的问题了。就英国人而言,他们一旦进入战争,就会给人留下坚毅的印象。但以下内容是没有争议的。人们赋予战斗政治分量,是因为它能明显地表明一方试图将自己的意志强加于敌人。然而,北海的战斗对这场战争的进程缺乏决定性影响,也就因此没有政治影响。单单因为这个原因,即便是日德兰海战也无法从政治上加以利用。最初的印象很快就消退了。一把无法坠下的达摩克利斯之剑不再可怕。

很明显,英国在它的战略考量中考虑到了这一政治情形。只有我们愿意过高地估计这场战斗的政治价值,因为我们的思维方式是纯战术性的,我们认为每一场战斗都对战争具有决定性影响,无法理解海军战役固有的两重性。

4. 防御战与主动权

1915年夏天的时候,舰队讨论了在苏格兰附近战斗的想法。[①] 我们中的一些人想要进入福斯湾,在那里等待,向英国人挑战。该计划未被执行,只是因为下面这个原因才在此处提到它。

我方舰队出现在苏格兰附近并采取待命姿态时,主动权就会从我们手中转移到英国人手中,因为那时只有"大舰队"才能决定是否会发生战斗,以及战斗发生的时间和环境。主动权优势的旁落暴露了我方作战计划缺乏目标的错误。在苏格兰附近等待时机的这段时间里,舰队无法顾及任何其他事项,无论是北海的贸易航道还是可以获取的战略位置。舰队的所有战术突袭都显示出无法令人满意的盲目性。至于这次前进的目标是什么,一直无人解答。我们在直觉上或多或少感觉到了我们的盲目性,但并未意识到造成这种盲目性的原因。[②]

如果一方一直存在进行战略进攻的想法,但又不知道这种进攻需要些什么条件,他就会为自己争取一切战术上的优势。一个确确实实明白他所进行的是战略进攻的人,是不会盲目设计作战计划的,这样的作战计划只会

---

① 关于德国海军军官与"大舰队"进行决战的欲望,见 Holger H. Herwig, *"Luxury" Fleet: The Imperial German Navy 1888–1918* (Atlantic Highlands, New Jersey, 1987), pp.158–161。

② 魏格纳在本书1941年的第二版中增加了下面这则脚注:"'突入北海的行动总体上是没有目标的,因为只是为了造成一些事件的发生才采取了这些突击行动。'因此它们处在自我否定的状态。一方是不敢仅仅为了战斗就在如此严峻的条件下战斗的。(Memorandum of the First Squadron of 1 February 1915.)"见附录A。

导致在不利的地点打击敌人,从一开始就主动交出所有战术上的王牌。

我们想要交战,这本应警示我们,有地方出错了。战斗并非目标,但是,如果战略作战计划是正确的,决定目标的战略同样会不可避免地导致战争。一方并不需要寻求战斗。

目标不存在的时候,为了达成目标而必须以战争加以清除的所谓障碍也就同样不存在。战争一直都是手段,从来都不是目标。

5. 存在舰队①

战略作战计划是一切战争行为的基础。因此,归根到底,结果证明地理强于一切进行决定性交战的欲望,迫使舰队实施这种地理作战计划所要求的那些事。

然而,我们强大的舰队能做的不仅仅是保卫赫尔戈兰湾,这个地方价值甚微,无人想要。最重要的是,英国在这场战争中提出了海权的问题并因此变成了我们的主要对手,这种纯防御性的作战计划就与战争的要求背道而驰了。

我方舰队坚守在赫尔戈兰湾,这使"公海舰队"转化成了一支存在舰队。我们本能地反对存在舰队,因为它只要存在着就已经完成了任务。北海的存在舰队无法获得任何能够改变形势的战术成功,却会遭到能够负面改变形势的失败。一次失败就可能损害我们手中剩下的财产——波罗的海以及随之而来的维持陆战与潜艇战的可能性——并影响这场战争的整体结果。我们什么也赢不了,却会丧失一切。

我方舰队在这场战争中的实际行为显示,我方海军领导层总是会依据

---

① 存在舰队是一个技术用语,指的是这样一支舰队,它的首要功能就是它的存在。——作者注

地理位置行事的,因此是正确的。地理——就我们的情况而言是战略真空的地理——主宰了一切。

地理位置迫使我方舰队成为存在舰队,我们成功地完成了这一任务,保住了我们最后的财产——波罗的海。尽管我们只是阻止了"大舰队"加入强攻达达尼尔的行动,英国舰队还是被钳制住了,否则英国人的这次行动可能就已经成功了。[①] 但我们的存在舰队无法阻止英国人组织反潜战。

我们会轻易忽视未曾遭受的伤害。

假设我们的舰队遭到了重创,我们的舰队对英国进行战略进攻的一切危险都将消失。即便遭到一次失败后我们仍有力量阻止英国人侵入波罗的海,即便我们继续从瑞典获得矿石,我们将不再能够钳制"大舰队"。那时英国人的达达尼尔战役会有怎样的结果? 如果达达尼尔陷落,保加利亚和罗马尼亚会做什么? 我们会继续得到罗马尼亚的小麦和石油吗? 这些东西对这场战争至关重要。[②] 先后被摁在加里波利和萨洛尼卡的协约国军队会出现在西线,或者经克里米亚出现在俄国吗? 通过无冰的地中海源源不断地向俄国运输物资,难道不比取道运输状况恶劣的白海更加有效?

这支存在舰队阻止了所有这些可能性。如果没有这支舰队默默地产生的这种效力,我们就不可能坚持四年,也不可能进行潜艇战,而这差一点就拯救了我们。

---

① 海军力量不足只是达达尼尔战役失败的原因之一。错误的计划和备战,以及盟军之间的糟糕沟通造成了 1915 年的灾难。对这次失败原因的总结,见 Marder, *Dreadnought to Scapa Flow*, II(London, 1965), pp.259-265。

② 魏格纳的推论似是而非,因为罗马尼亚直到 1918 年 3 月 5 日才与德国签订和平协议。尽管在《布加勒斯特条约》中获得了慷慨的条款,由于罗马尼亚粮食收割和运输过程中出现的混乱,德国几乎未能获取预期中的小麦和石油。*Schulthess' Europäischer Geschichtskalender*, *Neue Folge*, 34(1918)第 692—706 页概括了和平谈判,该书 1922 年出版于慕尼黑。另见 Glenn E.Torrey, "Romania's Entry into the First World War: the Problem of Strategy," *Emporia State Research Studies*, 26, 1978。

无论如何,这种情况下最终获得的唯一积极因素就存在于这种静默的效力之中。由于我们一直在没有战略意义的北海采取完全消极的战术,这种截然相反的积极影响就显得尤为突出。

可以理解的是,这种狭义的任务和我们舰队的力量不相称。我们的舰队没有能力运用它的力量,我们无法理解其中的根本原因,我们也未能理解,正是"北海的防御战"导致了所有的不幸。

为了对抗我们的潜艇,英国人用一条水雷带捆住了赫尔戈兰湾,我们则进行了扫雷行动。此后我们的舰队才走上了一条战略性的道路,即保护赫尔戈兰湾免受此类进攻。但是,即便对舰队进行了这种正确部署,舰队的战斗力与它所应招前来履行的职责仍然极不相称。

6. 战略乃作战之基础

海军史表明,如果我们在战斗中获得了一次完全的胜利——例如,我们有可能在 1914 年 12 月 16 日对哈特尔普尔进行的突袭中获取胜利,因为那天双方碰巧出现在了海上——我们就应自动进入战略攻势。人们相信,战斗在任何时候都是最主要的,战略位置的改善是战斗胜利的必然结果。

如果走运的话,通过战术上的迂回,我们可能碰巧进行了战略进攻。但这是不可能的,因为我们在日德兰①之后的行动,以及我方战术思维都与进攻相违背。我们只能认为,在这一初始假设基础之上构造战争计划是错误的。

必须不断强调的是,我们的分析并不以下面这个问题为转移,即一场更重大的胜利——例如,比日德兰的胜利更重大——是否可能照亮战略知识

①　1916 年 7 月 4 日,舍尔海军上将向德皇威廉二世汇报了日德兰海战的影响:由于英国具有"巨大物质优势",德国处于"不利的军事地理位置","毫无疑问的是,即便是这场战争中最成功的舰队行动,也无法迫使英国媾和。"BA-MA,Nachlass Levetzow,N 239,Box 19,Vol.2.

的道路并因此将我们从战术视野和北海中解放出来。对这个问题的回答事关个人信念,而一旦事关信仰,任何论证都是没有说服力的。

我们此处只着眼于客观的、纯军事性的问题,即我方海战观念——以及我方战争方式——是正确的还是错误的,"先交战,然后——取决于交战效果——或许就是战略进攻"这个说法是正确的还是错误的。

尽管并不完美,和我们日常生活中的琐事进行类比,有时候会比长篇大论更好地阐明事态。例如:

当一个人需要还债的时候,他通常会主动存钱,因为这样做能使他控制事态进展,确保在截止日期前存够钱,因此,单单买一张彩票是无法满足他的。尽管如此,如果他买了一张彩票而且中了奖,那么可以说他是幸运的,但没人会认为买彩票是还债的适当方式。

作战计划是基础,战术的功能就在于执行这个预先确定的作战计划。我们关心的是在战斗之后获取战略位置,这清楚表明战略位置是我们真正和天然的目标。进攻性作战计划是通向这个目标(还债)的道路,用以恢复我们的独立性。

不能不问胜利是否充分、最终能否采取正确的战略,仅仅为了战斗就毫无计划或目标地随意求战。

事实上,我们并未走运,也没有采取合适的作战计划。

战略是战术大厦所依赖的根基。

战术是实现战略的手段。历来如此,以后也总会如此。我们竟然在这场战争中认为与此相反的情况才是真的,真是无法理解。

7. 我方位置受到了限制

人们有时认为,尽管海军领导层完全明白丹麦战略位置的价值,想让外交部认识到丹麦的价值是毫无希望的。尽管更了解丹麦的价值,舰队还是因此被迫接受北海的不利战略位置并尽力而为。

今天回过头来看这件事,我们会看到,与政治领导层进行斗争是有可能胜利的,这一点已经不再有疑问了。唯一重要的事实是,海军领导层从未要求重新打开丹麦带峡。① 海军领导们只将卡特加特视为航运通道和赫尔戈兰湾的有益延伸,他们未能意识到卡特加特的战略价值,②因为他们相信的是战斗"本身"的决定性效果,即他们未能意识到作战计划是错的。如果他们意识到了这一一"丹麦"战略位置的真正价值,他们必然会从西线出现僵局的第一天起就彻底地研究这个问题,直到战争最后一天。那时北海的舰队就会冷静地接受自身战略位置带来的后果,有关"战斗"的争论就绝不会出现。

对未来而言,此事的教训在于,和平时期就必须清楚理解自己将要在战争中所处的战略位置。如果国家理解了我们的战略位置,帝国必然会制定一份将政治结构、陆军以及海军包含在内的共同作战计划。③

---

① 舰队司令波尔(Hugo von Pohl)海军上将曾建议德国强迫丹麦带峡重新开放并将斯卡格拉克和卡特加特海峡用作舰队的基地,但他的建议未被采用。见 Carl-Axel Gemzell, *Organization, Conflict, and Innovation: A Study of German Naval Strategic Planning*, 1888–1940(Lund, 1973), pp.148–189。

② 魏格纳在此处注道"Tirpitz, *Erinnerungen*, p.323." 在本书 1941 年第二版中,魏格纳进一步补充道:"a)提尔皮茨元帅在其《回忆录》第 315 页写道:'英格诺尔海军上将(舰队司令)现在要求重开丹麦带峡。由于走漏了风声,丹麦人无法同意这样的要求。无论如何都不应提出这样的要求,因为英国立即就会知道这些要求。'b)'我(提尔皮茨)注意到,战争爆发时我们与丹麦达成了协议,丹麦保证大带峡对所有交战方关闭。不幸的是,我在战争早期批准的这项协议变得对我们不利了,因为我们曾认为,我们需要将丹麦纳入我们对战争进展的考虑中,然而事实上,该协议束缚了我们的手脚,使我们无法利用卡特加特和斯卡格拉克海峡改善我们在赫尔戈兰湾的不幸海洋战略处境。'(Tirpitz, *Erinnerungen*, p.323, note 1.)"

③ 关于德国陆海军协同计划的不足,见 Friedrich Christian Stahl, "Der Grosse Generalstab, seine Beziehungen zum Admiralstab und seine Gedanken zu den Operätionsplanen der Marine," *Wehrkunde*, 12, January 1963, pp.6–12;以及 Holger H.Herwig, "From Tirpitz Plan to Schlieffen Plan: Some Observations on German Military Planning," *Journal of Strategic Studies*, 9, 1986, pp.53–63。

8. 防御战与潜艇战^①

潜艇战是这场战争第二阶段的主角。尽管遇到了众多政治障碍,这种战争形式却差一点就给我们带来了和平。随着战争的继续,我们还为舰队开辟了一个在战略上正确的领域,即水雷战,尽管这种战争方式并不引人注目。从战略上讲,我方舰队在战争这一阶段的部署没什么可以指摘的,但我方作战计划仍旧是不正确的。

正是因为作战计划将舰队推出了战争的大潮,某种意义上将之"冷藏了起来",潜艇才排除了许多障碍走上前台并成为对抗英国的唯一武器。U艇能在任何战斗中,尤其是在对抗岛国的战斗中发挥特殊作用,然而,由于舰队坚守在赫尔戈兰湾,这一武器才转化成我们实现和平的唯一希望。潜艇战采取这种形式,舰队被用来扫雷,都是防御性作战计划所致。

考虑到防御性作战计划在北海造成的局面,使用潜艇对抗敌人部队的每一次尝试都不会成功。进行战略进攻的时候,潜艇战成功的机会会更多。当战略压力一次又一次地将"大舰队"推向我们的时候,我们才有进行有效军事部署的可能,而这是北海无法提供的。和"有利时机"的观念一样,考虑到两支舰队的力量对比,对力量对等的渴望是可以理解的。尽管形式不同,潜艇至少提供了获取力量对等的可能性。

我方战略进攻能取得什么程度的成功仍是一个开放性的问题。正如我们在北海所经历的那样,挪威海岸附近以及斯卡格拉克的深水航道中是绝对不可能进行水雷战的。如果我们进行了战略进攻,我们就能少损

---

① 关于潜艇战的早期辩论,以及提尔皮茨在其中扮演的角色,见 Herwig,*"Luxury" Fleet*,pp.158-159、163-165、217-218。

失许多 U 艇,为了进行水雷战而在赫尔戈兰湾发展出的扫雷装置就变得多余了。赫尔戈兰湾的水雷战就几乎不会开始:进攻开始之后,赫尔戈兰湾就能保护自身,变成一个远离前线、相对不重要的维修基地。没人会对它感兴趣。

我们被迫将舰队留在赫尔戈兰湾支援潜艇战。不正确的作战计划再次让我们无法将舰队用作对抗英国的武器,强迫我们放下这个武器,拿起另一个武器。这两种武器本来能在进攻中紧密配合。通过钳制"大舰队",我们驻扎在挪威水域的舰队就能阻止英国开展反潜战。钳制的效果如何尚存争议,但至少"大舰队"是被钳制了。最重要的是,这两种武器可以互为补充。尽管潜艇战很有价值,它却只获取了部分制海权。潜艇能够破坏海上航道但无法保护它们。潜艇能在封锁中下潜但无法打破封锁。只有从一处战略位置上行动的舰队才能打破封锁。如果争夺大西洋门户的战斗同时进行,潜艇战将取得多么辉煌的胜利啊!

这就好比:我们在狱中挨饿,而且差一点就成功地让狱卒无暇顾及一直就在桌子上的面包和我们一起挨饿。问题再次出在了我们的作战计划上,该计划忽视了地理因素。

9. 该战略处境的心理效应

让我们暂时忽略所有战术考虑。我们不断陷入思考,因为尚无人解释为什么尽管我方舰队训练有素,希望战斗,却仍旧无法找到战斗机会。我们希望在苏格兰附近、胡弗德以及英吉利海峡战斗,但从未如愿。不管我们的战略观念是对还是错,我们在这场战争中将战斗等同于胜利,却未能与敌人交战。

传统的解释众所周知,但很不让人满意。这些解释未能回答下面这个重大心理疑问:为什么一个能够产生出"埃姆登号"指挥官,①凯旋于科罗内尔,带着无比荣耀战死于福克兰群岛的军官团,②一个在潜艇战中产生出众多比肩伟大陆军领袖的U艇指挥官的军官团,突然在赫尔戈兰湾采取了如此防御性的行动,舰队指挥的频繁更替也无济于事? 为了找到问题的根源,让我们细想一下舍尔海军上将的品格,他的主动性和活力都是无可置疑的,想一想他为什么在日德兰海战之后的两年里都未进行战斗,他为何没有在1916年6月1日清晨继续战斗,以及1916年8月英国海岸附近出现交战机会时他为何未加把握。③

这位舰队司令的谨慎有着真实且说得通的理由,以及合理的战术原因,然而它们并非终极和决定性动机。在他的灵魂深处存在着可能连他自己也不知道的先入之见,可大致以文字表述为"一支存在舰队只能削弱敌军,考虑到既有的条件,交战无法产生有用的结果,不值得冒险。"杰里科也是以完全一样的方式思考的。

如果想象一下一场苦战到底的战斗,正如我们的作战计划所要求的那样,舍尔决策的本能性就一清二楚了。一场打到底的战斗将会动摇我们已经无可争辩地稳稳占有的东西。没人会主动进入这样的战斗。无论我们多么急切地期待且不惜一切代价,不论地点和环境也要追求一场战斗,我们始终——即便在最后一刻——意识到了这个压倒性的基本事实:无法在北海赢得或决定任何东西。

---

① 关于轻巡洋舰"埃姆登号"指挥官卡尔·冯·穆勒(Karl von Muller)的壮举,见 P.K. Lochner, *The Last Gentleman of War: The Raider Exploits of the Cruiser Emden* (Annapolis, 1998)。

② 关于马克西米利安·冯·施佩海军中将(Maximilian von Spee)1914年的功勋,见 Barrie Pitt, *Coronel and Falklands* (London, 1960)。

③ 见第一章注释,另见 Admiral Reinhard Scheer, *Deutschlands Hochseeflotte im Weltkrieg. Persönliche Erinnerungen* (Berlin, 1920), pp.190–195, 197–203;以及 Friedrich Forstmeier, "Zum Bild der Persönlichkeit des Admirals Reinhard Scheer (1863–1928)," *Marine-Rundschau*, 58, 1961, pp.73–93。

毫无疑问的是，如果舰队 1916 年 6 月 1 日是为了争夺大西洋门户而战，或许如果运输队也在海上，舍尔海军上将将排除一切战术障碍，毫不犹豫地将战斗继续下去。不仅是舍尔海军上将，在当时的战略情况下，杰里科也会发动进攻。那时战斗的目标就很明显了。

因此我们看到，依据所处的战略形势，同样的动机可能引发非常不同的决定。这些战术原因仅浮于表面，不是绝对的。它们的一切含义穿过战略形势的心理棱镜，折射进军事领袖的意识中并使他的决定变得成熟时已经"屈折"。

无论是争夺海上控制的战斗、战略进攻、岸防战还是存在舰队，每一种战略形式都有自身的心理状态，交战双方会本能地产生这种心理状态，并与之产生互动。

战略进攻鼓励一方努力获取远远地悬挂于舰队前方的战略目标。战术上的谨慎是存在舰队的部分本质，这支舰队不进行战斗，仅凭自身的存在便完成了任务。一支被迫转化成存在舰队的舰队会本能地小心行事，也理当如此。任何无意识地在内心深处发挥着作用的战略心理状态都要强于浮于表面的明显欲求。很明显，这种心理状态使我方海军那无可否认的进攻精神蒙上了阴影，我们通过在大西洋进行的巡洋舰作战或潜艇战将自己从存在舰队的心理状态中解脱出来的时候，我们的进攻精神便凸显了出来。

的确，北海的一场非常重大的胜利可能使我们采取战略进攻。战争中没有什么是不可能的。

然而，一方最终不会为了形成战略思想而去追求战斗，他必须事先就独立地拥有这些思想。没有战略基础的重大胜利只是仁慈命运的礼物而已。事态的正常轨迹更符合存在舰队的心理状态，如果可能就打击敌人，但不冒不合理的风险，不认可不惜一切代价也要进行的决战。交战双方在这方面想法一致，因此杰里科也没有在赫尔戈兰湾追求战斗，将他的舰队保持在福斯湾纬度以北。① 这一形势下的心理状态决定了交战双方的思想和行动，从根本上解释了下述几个现象，即为什么尽管我们有着战斗的决心和欲望，我们却从未进行"这场"战斗？为什么双方都未将日德兰海战进行到底？为什么我们此前或之后都未进行"第二场日德兰之战"？

北海的"战斗"缺少战略目标。

因此，即便从心理学的视角来看，认为我们输掉了战争是因为我们没有战斗的主张就是有争议的。尽管听起来可能有些矛盾，"我们输掉战争是因为我们强烈要求战斗"的主张更加合乎情理，因为它表明了我方作战计划是错误的。

这种形势下的心理状态是作战计划的结果，而不是它的原因。这就把我们带回到了开始的地方。我们的"无知"是战争失败的唯一原因：我们对海战本质的无知导致了错误的作战计划，以及随之而来的防御性心理状态。如果我们理解了战略，我们会得出一个不同的作战计划，并改变我们以及英国人的心理状态。我们会有意识地将战略位置而非战斗置于我们全部战争行动的中心，而且我们会立即展开战斗。

正如克劳塞维茨所言，战术是实现战略的手段。②

10. 战略进攻

现在让我们用相反的情况，即及时的战略进攻，来取代对赫尔戈兰湾的坚守！

---

① 魏格纳此处指的并非"大舰队"在日德兰之战后的姿态，而是帝俄海军准将古斯塔夫·冯·舒尔茨(Gustaf von Schoultz)所界定的、"大舰队"在战争期间采取的总体战略。见 Schoultz, *With the British Battle Fleet*, p.165。

② Clausewitz, *On War*, eds.Michael Howard and Peter Paret(Princeton, 1976), p.143, 原文并没这么好懂："战略的最初手段是胜利，即战术成功。"

　　西线陷入僵局之后,我们本应通过丹麦带峡积极展开进攻,而不是静待意外成功。那时我们就可以在 1914 年 11 月的某个时候开始向大西洋前进。在这场进攻中,在进攻与防御的互动中,对峙的这两支舰队就一定会发生接触。我们的舰队会像磁石一样吸引彼此。我们可以从命运手中夺取人类意志可以实现的一切。我们会成为战略形势的主宰者,施加战略压力并决定行动的进程。所有的交战都会发生在 1914 年至 1915 年之间的冬季,那时的漫长夜晚有利于我方鱼雷艇发动进攻。[1] 由于增加了四艘战列舰,我方舰队那时正处于相对力量的最高峰。[2] 从战术立场出发,我们会考虑到对我们最为有利的一切情况。在更高纬度的地方,我们有充足的机会重夺战争最初的几周里丧失的机会。没人会再提起这些丧失的机会。

　　这场进攻会彻底改变整个局势:事实上是扭转全局。在北海进攻的影响会延伸到大西洋,或许能缓解施佩伯爵的压力,他那时正要绕过合恩角。英国派出与之对阵的可能就是老旧的装甲巡洋舰而不是战列巡洋舰了。福克兰群岛之战就可能取得胜利。[3]

---

　　[1]　日德兰海战未能证明提尔皮茨对鱼雷艇进攻舰队效率的高度期待,舰队参谋长阿道夫·冯·特罗塔海军少将(Adolf von Trotha)特别谈到,鱼雷艇巡航半径不足,鱼雷的存储也不够。见 Herwig, "*Luxury*" *Fleet*, pp.36、185、189。

　　[2]　魏格纳此处指的是 1914 年晚期加入舰队的新无畏舰"柯尼希号""大选帝侯号""边疆总督号"和"王储号",它们配置了 10 门 30.5 厘米口径的大炮。见 Erich Groener, *Die Deutschen Kriegsschiffe 1815-1945*, I(Munich, 1966), p.86。

　　[3]　施佩海军中将的远东编队以装甲巡洋舰"沙恩霍斯特号"和"格奈泽瑙号"为中心,1914 年 11 月 1 日在科罗内尔附近击败了海军少将克里斯托弗·克拉多克爵士(Christopher Cradock)指挥的英国巡洋舰部队。施佩的部队后来于 1914 年 12 月 8 日在福克兰群岛(马尔维纳斯群岛)附近被海军中将多福顿·斯特迪爵士(Doveton Sturdee)指挥的英国特遣队摧毁,该特遣队包含了战列巡洋舰"无敌号"和"不屈号",由海军上将约翰·费舍尔爵士(John Fisher)从本土水域派出。见 *Der Krieg zur See 1914-1918. Der Kreuzerkrieg in den ausländischen Gewässern*, I, ed.Erich Raeder(Berlin, 1922), pp.197-224、269-336;以及 *History of the Great War. Naval Operations*, I, ed.Sir Julian Corbett(New York, 1920), pp.355-371、431-454。

第四章　战略任务

1. 马恩河战役

我们经由战术研究了战略并进而讨论了北海的海军战略,在我们现在所抵达的高度,所有的细节都从视野中淡出,唯此才能看清整场战争的大趋势。

一方面,我们看到,我们的敌人英国处在占据优势的地理位置上,凭借它对海洋的控制压制了地表的所有国家。另一方面,我们看到德国正准备战斗。德国首先派出陆军争夺大西洋上的战略位置。战斗针对的并非作为大陆强国的法国,因为战斗的目标是战略位置。站在我们所处的至高位置上,我们看到陆军和海军各自并没有独立的作战计划。它们执行的是同一个计划。德国陆军跨过边界的时候,战略位置的转换就开始了,坚守赫尔戈兰湾的必要就消失了。那时整个德国就有了海军的战略进攻作战计划。因此舰队的防御作战计划在抵达舰队司令手中之前就已经过时了,但战争领导层①

---

① 魏格纳松散地使用 *Kriegsleitung*,*Kriegführung*,以及 *Grosses Hauptquartier* 这几个词表示德国在战争期间负责指挥的全体领导层。事实上,没有哪个机构是单独协调战争行动的:至少在理论上,威廉二世作为最高战争统帅,一直是一切与战争有关事务的最后裁决者。赫维希曾使用"战争领导层"一词来表示一切政治、军事和海军指挥职位。见 Holger H.Herwig,"Imperial Germany," in *Knowing One's Enemies:Intelligence Assessment Before the Two World Wars*,ed.Ernest R.May(Princeton,1984) ,pp.89~91。

并未认识到陆军已经从海军手中拿走了这个作战计划并"予以纠正"。

争夺法国大西洋阵地的斗争是为了舰队进行的，而非由舰队进行。舰队分配到的任务就是旁观。死海北海的战略要求也适用于它们。这个决定由陆地作出。

随后是马恩河战役以及西线的停滞。现在我们看到战争发生了逆转，拐入了大陆上的峡道，渗透进大陆战争的溪流之中。德国人民放弃了与英国对抗的战争。与英国的海战淡出了视野。不仅仅是舰队，我们采取的是全面战略防御，将巨大的政治威望拱手让给了英国，因此它就能够压制所有国家。我们背对海上战争时的消耗战便开始了。我们试图去做和拿破仑一样的事，他力图在陆地上征服英国，因为尽管他掌握了所有战略位置，却没有一支舰队。但是，我们是有一支舰队的。然而，战争领导层再次未能意识到，陆军已经决定了舰队的作战计划，安排好了它在战争中的角色。陆军也未能意识到，它的防御性作战计划破坏了舰队的行动计划。但是从我们观察作战计划全局的这一高度，我们意识到，将战争限制在大陆意味着放弃了与英国的斗争。海军前线像西线一样陷入了停滞。舰队所做的，或者所未做的一切都没有了意义，因为对英国的进攻已经被放弃了。包括日德兰海战在内，所有的舰队行动都是局部性现象，就好像停滞的西线上进行的战壕战和防御战。新式武器——潜艇驰援而来，然而它所可能具有的战术影响却使我们忽视了我们对英国采取的是战略防御这一事实。在海军阵线上，舰队仅仅是保护波罗的海的防御屏障。

这一切都暗含在海上的战略防御作战计划之中。

由于时常在海外巡航，海军经常以一种超然的视角看待德国，比帝国的其他行政机构更有远见。我们的海军懂得，英国才是首要敌人，海战才是关键问题。然而，尽管海军富有远见，它受到了战术限制的过分束缚，无法意识到战争的领导层属于海上，整场战争都应以海战的形式来进行。尽管就空间而言,拥有百万之众的陆军可能要完成更广泛的任务,但没有哪个任务比赋予海战武装有效的作战基地更为重要。

如果通向布雷斯特的道路仍被封闭,我们就需要向北方前进。

海军领导层的重大理论任务是将陆军从大陆战争的轨道上拉出来,使其进入海战的道路。很明显,无人做过尝试,相反,海军领导层同意丹麦关闭带峡。战术以及对北海战斗决定性影响的信仰主导了形势。

只有站在回顾性思考的高度,我们才能意识到舰队战略进攻的问题——从另一个方面来说,它对赫尔戈兰湾的坚守——是多么紧密地与战争的总体方向交织在一起的。只有站在总体战略这样的高度,我们才能看到,西侧的进攻变得无望之后,丹麦—挪威的位置就立即成了战争的焦点。

考虑到事态的极端重要性,与丹麦的谈判中遇到的一切困难就都消失了,陆军从何处获取必要部队的问题也随之消失。①

一旦意识到了这个问题,上述两个问题的答案就肯定是显而易见了。

转向开关就在西线的僵局之中,只有具有战略眼光的人才能看到这一点。我们只需要拉起开关,将战争列车转到向北的另一条轨道上,目标是一样的,即针对英国的海战。

只有战术眼光的人未能看到这一转向。因此,马恩河战役就成了具有决定性意义的转折点。

---

① 1916年末,德国海军严肃地考虑了针对丹麦的作战计划,并于1917年5月正式通过了一份计划。Bundesarchiv- Militärarchiv,Friedburg,RM 47/55 Hochseeflotte.Fall J.u.K.,and RM 47/56 Hochseeflotte.Fall J.皇帝之弟、波罗的海战区的海军指挥官、海军上将海因里希亲王(Prince Heinrich)曾在1917年4月31日的一份"绝密"备忘录中提议德国占领卡特加特以及斯卡格拉克海峡,以便控制斯堪的纳维亚。这样的行动能够赋予德国"未来使通向世界大洋的出口保持开放"的机会。BA-MA Freiburg,RM 47/59,60 Hochseeflotte.Norwegen。

2. 诸项后果

我们已经看到,整场战争的大陆本质决定了舰队在战争中的防御任务。这个整体作战计划将我们的舰队锁在了北海,就好像关在笼子里一样,还将英国指派为看门人。这个大陆作战计划束缚了我方舰队并在地理上消除了它。海军的独特目标淹没在战争大潮之中。

该防御态势成了常态,没有人与之抗争,因为总司令部未能理解海战的二元性以及舰队在战争中的一般性任务,只赋予了舰队战术上的重要性,而这种重要性在北海是不存在的。整场战争中舰队都在"北海这片死海"强加的限制下行动,一刻也未能对国家的命运产生影响,即便这场战争是一场海军战争。

战争期间浮现的所有问题根植于战略防御作战计划的矛盾之中,该计划否定了现实。出路清楚地存在于海上的战略进攻之中,即将海战继续下去。我们在和平时期备战的那些日子里希望舰队完成的一切都存在于马恩河战役之后经由丹麦带峡发起的攻势中。

调查环绕舰队的秘密可能对舰队的战术行动产生的影响已经超出了本书的范围。我方舰队在挪威以及丹麦水域中的行动不会像在赫尔戈兰湾那样被如此容易地监测和报告。① 占有丹麦带峡将对波罗的海战区产生怎样的影响? 如果我们能够从挪威拦截越过斯堪的纳维亚半岛以及穿过北冰洋的运输和补给船队,对抗俄国的陆战会受到怎样的影响? 更不用说我们对

---

① 德国轻巡洋舰"马格德堡号"1914 年 8 月 26 日在芬兰湾搁浅时,俄国水兵俘获了德国密码本以及北海方格图。这一材料使得伦敦海军部 40 号房一组由阿尔弗雷德·尤因爵士(Alfred Ewing)率领的英国密码破译员能很快地破译后来的德国无线电信号。见 Patrick Beesly, *Room 40: British Naval Intelligence 1914-1918* (London, 1982); 以及 Matti E. Makela, *Das Geheimnis der "Magdeburg." Die Geschichte des Kleinen Kreuzers und die Bedeutung seiner Signalbücher im Ersten Weltkrieg* (Koblenz, 1984)。

海外贸易的影响！如果它们看到我们在挪威的位置上与英国鏖战，这些中立国还会如此无条件地臣服于英国的指令并将它们所有可用的船舶拱手相让吗？它们还会如此满足地接受英国对中立权的一切破坏行为吗？它们还会对潜艇战提出抗议吗？它们或许会欢迎潜艇战？面对这样激烈的海战，美国会做些什么，又不会做些什么？如果战争的天平曾稍稍倾向于我们，我们就将收获何等的声望和政治影响力，更不用说对我们国内政治的有益影响。我们的战舰至少能逃离政治宣传的影响。①

如今这些问题的价值是成问题的。然而我们必须提到它们，哪怕只是为了展示内在于舰队战略进攻中的多种可能性。

我们在赫尔戈兰湾无法获取这些战利品，因为舰队被堵在了里面。

的确，仅凭战略位置无法赢得战争，舰队也无法仅凭自身便赢得战争。二者是一体的。我们手中握有舰队，整场战争的首要以及最紧急的任务就是征服战略位置。身处北海，我们的舰队就是没有坐骑的骑手。我们必须帮助舰队跨上战略马鞍，它已自知如何驾驭。

3. 战略任务

正如战斗并非目的本身，它服务的是战略目标；战略也不是独立存在的，②它从属于一个更高级的目标，即完成战争的目的。

---

① 1917年8月2日，战列舰"路易特波尔德摄政王号"上的350人拒绝服从命令并离舰而去，示威很快扩散到公海舰队的其他战舰上并最终导致5例"死刑"。海军军官认为是社会民主党以及独立社会民主党的煽动者制造了这起骚乱。事实上，是乏味、消极、不平等的食物配给，以及对岸假不加区别的削减造成了革命氛围。见 Holger H.Herwig, *The German Naval Officer Corps:A Social and Political History 1890-1918*(Oxford,1973),pp.197-229。

② 魏格纳再次模仿了克劳塞维茨的说法："政治目标是目的，战争是达成政治目标的手段，决不能脱离目标单独考虑手段。" *On War*, eds.Michael Howard and Peter Paret(Princeton,1976),p.87。

　　我们前面的分析曾讨论过并间接提到了战略任务，所以我们这里只需要总结一下。结论可陈述如下：英国的战略任务是切断我们与世界大洋的联系并封锁我们；我们的战略任务是，无论封锁存在于何处都要打破它，扫清我们前往大西洋的道路。

　　如果我们从这个角度考察我们舰队的战略任务，站在北方英国封锁线的高度俯视北海，我们就能很容易地看到，在这个遥远的死角——这个潮湿的三角地带，①我们舰队的行动是多么无力。我们也能明白，为什么从赫尔戈兰湾发起的，在这潭死水进行的日德兰海战毫无效果。在不存在战略任务的地方，战斗什么也无法获取。

　　同样明显的是，丹麦的位置也不足以发起进攻：我们从丹麦是无法有效打破封锁的。挪威的位置提供了更好的机会。那样英国就无法维持设得兰—挪威的封锁线，它将被迫撤到大概在设得兰—法罗—冰岛的封锁线上。然而，这条战线过于宽阔了。清新的大西洋海风从远方吹来，飘荡在遭到饥饿封锁、密不透风的北海上空。② 对英国人来说，保卫这条封锁线将是极端困难的。首先因为这条线相对更靠近我们的基地，最关键的是，就其所处的战略位置而言——你只要看看地图就明白——英国极容易遭到来自北方的包抄。

　　只要跨越北海的行动取得成功，争夺大西洋门户的战斗以有利于我们的方式结束，我们就能彻底打破封锁。这样我们就为进口扫清了道路，我们就能保护我们的贸易线。保护贸易线是舰队存在的唯一理由。③ 无疑，对

---

　　①　德国人通常使用"*Nasses Dreieck*"（wet triangle）一词指代赫尔戈兰湾，他们将之称为 *Deutsche Bucht*（德国湾）。

　　②　德国人通常使用"饥饿封锁"（*Hungerblockade*）一词指代英国的远程封锁。见 C.Paul Vincent，*The Politics of Hunger：The Allied Blockade of Germany*，1915~1919（Athens，Ohio，1985）。

　　③　魏格纳再次表现出了马汉式的哲学态度："因此，海军的必要性源于和平航运的存在，并随之消失。"Alfred Thayer Mahan，*The Influence of Sea Power upon History*，1660~1783（New York，1957），p.23。

我们而言,与封锁进行的战斗不过是为争取海洋自由所进行的斗争、为争夺对我们的生存极端重要的海上航道的斗争而已。最终,我们完全理解了那句古老的格言:任何海上战争的战略任务都是争夺海上控制。斗争确实发生于需要运用海上控制的地方,即至关重要的贸易大动脉存在的地方,这样的地方就在大西洋及其出海口,在战术上可以进行战斗的地理位置上。

要么就是这类斗争,要么什么也不是。

海军的选择取决于总体作战计划,与此同时海军本身也是决定性因素。这个选择没有中间选项,只能二选一。它不再仅仅事关海军,而是整个最高指挥机构的事。该选择决定了整场战争的方向以及所有机构的目标与任务:政治的、军事的。马恩河战役之后,人们应提出的问题并非彻底遗忘英国的"我们应首先征服俄国然后是法国?"而是"我们应从不列颠诸岛下方还是上方展开对英国的海战? 我们是否要通过英吉利海峡和法国的大西洋港口重建我们的海外联系,或者我们是否要打破苏格兰附近的饥饿封锁?"

那么我们会如何看待俄国之战? 我们仍会建立波兰国,①从而妨碍与沙皇俄国迅速达成和平协议吗?如果总体作战计划承认海洋才是主战场,将"以一切可能的手段击败英国"视为我们的目标,将"打破英国的封锁"视为我们下一个共同目标,奥地利、巴尔干——简而言之,所有与"从柏林到巴格达"②这句口号连在一起的地区——将会出现极为不同的局面。

只有考虑到陆军和海军对抗英国的联合作战计划,我们才能恰当地评估战争每一个阶段的重大政治和战略决策。其余的都是战术问题。

我们此处涉及的是"这一"重大转折点,整场战争中"这个"真正决定性

---

① 1916 年 11 月 5 日,同盟国宣布波兰独立,指望它提供大量人力。见 Werner S.Conze, *Polnische Nation und deutsche Politik im ersten Weltkrieg*(Graz/Cologne,1958)。

② "从柏林到巴格达"的口号指的是德国试图建立从波罗的海到黑海的、由其主导的中欧(*Mitteleuropa*),连接柏林和巴格达的铁路是其基石。见 Herwig,"Imperial Germany,"p.96。

的问题,即"海军战争还是陆军战争"的问题,或者类似的"我们应将其视为试验武器的战争,还是'坚忍'口号下的消耗战?"

我们今天所遭遇的事实是,这个国家未能恰当地进行战争,因为这个国家未能理解整场世界大战是海军战争,海洋才是结果所在。这个国家既未能理解海战的含义也未能理解本应分配给海军的任务。我们之中从来没有一个人真正理解过海洋。因此,就我们本应如何部署舰队以迫使敌人决战的问题而言,可以回答如下:

这并非执行舰队司令在战争开始时接收到的作战计划的问题,而是关于这个国家的总体作战计划的问题。

这并非战术的问题,而是大战略的问题。

这个问题的答案不该在舰队旗舰的司令台上寻找,而应在总司令部里寻找。

第五章　海军和平时期的活动

历史学家只要决定好什么事情发生过就足够了,但是,仅事实本身无法满足我们这些寻找原因的人。

我们希望知道得更多。我们已经看到上帝让那些他要摧毁的人瞎了眼。① 但我们希望知道是什么使我们变得盲目,为什么我们依旧盲目?

在将我们此处用以阐明战略情形的那些海战原则应用于我们自身处境时,我们是无法回避我们在战争中的彻底失败这一突出现象的。

我们都知道海战是为了争夺贸易航线而非其他东西才进行的斗争。② 这场战争期间,在面对争夺海上航道一无所知的战争概念时,这样的认识彻底消失了。我们都知道在一场海战中,只有切断敌人的贸易线才能将自己的意志强加于它的身上。我们将潜艇用于攻击这些贸易线,这样的部署是非常正确的。我们在和平时期不知疲倦地建造了一支舰队,以迫使英国接

---

① 魏格纳脑中想的可能是《约翰福音》第 12 章第 40 段的内容,他引用的是先知以赛亚的教义:"主叫他们瞎了眼,硬了心,免得他们眼睛看见,心里明白……"。

② 在本书 1941 年第二版中,魏格纳增加了一则注释:"那时这些海上航线是用于商业航运战,保护我们的贸易,像俄日战争中那样运输军队,还是纯粹用于投送政治力量,取决于一方正在交战的特定对手。在一场与工业英国进行的战争中,争夺海上航线的每一次斗争都必然同时变成贸易和商业的战争。"

受我们在海上的对等地位,然而,到了使用这支舰队的时候,我们一切考虑的中心却不是争夺海上航道,而是北海的战斗,对该战斗的追求成了我们在战争中的任务。

考虑到我们的地理状况,我们采取战略上防御、战术上进攻的作战计划是极不寻常的。更不寻常的是,尽管严酷的现实每天都向我们表明,舰队在赫尔戈兰湾中无法取得任何进展,直到战争结束我们都死抱着这个计划。另一个重要的问题是,我们怎么能如此盲目地相信"战斗",以至于我们从未质疑这一战斗的目标,从未问问我们自己,舰队只有在何时、何地、有多少成功的前景时才能加入"战斗"。

为了回答这个问题,我们必须调查舰队在和平时期的活动。

1. 北海的防御战

我们的战略防御很容易解释。它源于自卑感,只要我们的舰队规模很小,这样的感觉就是可以理解的。① 然而,极不寻常的事实是,我们的自卑感并未随着舰队规模的增长而消失。

下面几个因素对此负有责任:

(1)第一个也最重要的是"风险理论"。我们传阅的主要是提尔皮茨元帅在他的《回忆录》中所表述的"风险理论"。于是,我们所希望建造的舰队的规模并没有大到能够通过进攻来威胁英国,但是,就算英国具有巨大优势,如果她向我们挑衅,我们舰队的力量也足以在某种程度上对她产生威

---

① 德国小说家西奥多·冯塔纳(Theodor Fontane)极好地表达了这种感觉:"我们毫无自信……《旧约》中并未提到我们。英国人行事起来就好像他们拥有上帝的允诺。"引自 Holger H.Herwig, *"Luxury" Fleet : The Imperial German Navy 1888-1918* (Atlantic Highlands , New Jersey , 1987) , p.147。

胁。风险舰队在战争中的最终任务是在北海进行一场防御战。[①] 这就是我们在防御战中采取政治上的守势,却拥有进行战斗的战术意愿的原因。[②]

人们出于政治原因公开宣称的事情,与之后做的事情通常是两回事,但是,在这场战争中,我们将这种政治说教变成了现实。

证据如下:

a) 当我们在相对力量比率的基础上评估进攻战与北海防御战的成本时,我们就让这种政治说教侵蚀了战略。对战略而言,相对力量比率完全无足轻重,对于防御或进攻战的政治关切同样如此。作战计划只取决于战略位置:在赫尔戈兰湾的位置上,在所有情况下能展开的都只有战略防御作战计划。

b) 将北海防御战的概念与进行战斗的战术意愿合并在一起,只是将"战略防御,战术进攻"这一理论表达通俗化而已,只是将防御作战计划与战斗"本身"结合在一起而已。简而言之,这就是我们在这场战争中的作战计划。

建设这支舰队的理念——这是最突出的一点——并没有遵循海战的伟大基本原则:每一场海战的任务都是争夺海上控制权,即争夺贸易航道。将要进行虚幻战斗的北海防御战这一神话代替了上述原则。结果,我方海军领导层无法理解战略位置的概念。我们从未在大西洋争取任何东西。[③] 然

---

① 提尔皮茨(Alfred von Tirpitz)在 *Erinnerungen*(Leipzig,1919)第 105—106 页中宣称他将舰队基于"诚实的政治防御"原则之上,它"在战争中的最高目标将存在于防御战中,存在于北海的海战中。"赫维希(Herwig)在《"奢侈的"舰队》第 36—37 页中这样描述"风险理论":"舰队具有的最大力量将阻止任何潜在的对手冒险与德国发生全面海上冲突,因为即便他在战斗中取得了胜利,这样的敌人那时可能会发现自己将受到第三个海军强国或联盟(法/俄)的支配。"

② Tirpitz, *Erinnerungen*, pp.105、106.——作者注

③ 海军少将玛格努斯·冯·勒维佐夫(Magnus von Levetzow)1927 年 3 月 21 日从赖因哈德·舍尔海军上将(Reinhard Scheer)那里获得了魏格纳此书的一份打印件,他告诉魏格纳,"未来这些对于地理位置的海军战略需求"已经包含在阿道夫·冯·特罗塔上校(Adolf von Trotha)在大战期间关于战争目标的备忘录中。(见附录 B 魏格纳 1915 年 7 月的备忘录)。然而,勒维佐夫认为"战争期间说服陆军采纳丹麦/挪威政策是完全不可能的。"Bundesarchiv-Militärarchiv(BA-MA), Nachlass Levetzow, N 239, Vol.100。

而，一旦发生战争，舰队的唯一目的过去是、现在也是保护我们在大西洋的海外交通，以保护我们的工业和贸易。①

（2）舰队以德意志的彻底性贯彻的这一"风险"概念支持了战术调查。所有战术调查都以一支物质上处于劣势的舰队如何击败一支更强大的舰队这一问题告终——不考虑那些可能导致意外结果的、无法估量的因素。这些调查的负面结果产生出一种自卑感，并支持了英国封锁赫尔戈兰湾的思想。防御，北海的防御战，看起来就成了克服这种劣势的方法。

（3）我方大炮的口径较小，这进一步强化了我们的自卑感。② 即便我们知道我方较小口径的大炮和更重的英国大炮一样有效，我方装备所能做的也只有使单艘战舰具有和英军同等的战斗价值。正如 1914 年 8 月所显示的那样，在任何情况下我们都无法获取足以克服这种自卑感的优势。③

---

① 在本书 1941 年第二版中，魏格纳增加了一则注释："此时值得注意的是 1908 年皇帝与查尔斯·哈丁（Sir Charles Harding）进行的一次对话（Tirpitz, Dokumente）。查尔斯爵士谈到我们的舰队建设所引起的焦虑情绪。

"皇帝：我们需要一支舰队来保护我们迅速增长的贸易。

"哈丁：但它将一直待在基尔、威廉港或者北海。

"皇帝：由于我们没有加煤站，这就将成为我们的基地。我们缺少的是一处直布罗陀或马耳他。

"即便查尔斯爵士强调了'你们的赫尔戈兰基地保护不了贸易'，皇帝也因为谈到直布罗陀和马耳他而触及到德国缺少地理战略位置的问题，这次由皇帝本人亲自记录下的对话未能给人留下深刻印象。因此，英国人战前就告诉了我们，以战斗为最终目的的北海防御战无法实现我们舰队建设的目标。"

见 Alfred von Tirpitz, *Politische Dokumente*, II: *Der Aufbau der deutschen Weltmacht*（Stuttgart/Berlin, 1924）, p.69. Wilhelm II to Chancellor Bernhard von Bülow, 12/13 August 1908。

② 例如，德国无畏舰"皇帝号"配置了 10 门 30.5 厘米口径的大炮，而英方的"乔治五世国王号"拥有 10 门 34.3 厘米口径的大炮。然而，由于具有更高的出口速度，德国的大炮实际具有和英国更大口径大炮同等，甚至更强的穿透力。它们的平均耐久性也翻了一倍（每门炮可发射 200 轮，而非通常的 100 轮）。见 Herwig, *"Luxury" Fleet*, p.146。

③ 魏格纳指的可能是 1914 年 8 月德国"公海舰队"的消极姿态，它当时停留在港口中，等着英国大舰队"前来"。事实上，德国派驻英国的海军武官 7 月 30 日曾警告"战争爆发时……（英国）会立即发动攻击。"BA-MA, N 159, Nachlass Müller, Vol.4, p.256。

与力量集中的法则相一致,尽可能地使装备强而有力是基于坚实的军事原则基础之上的。①

陆战中,指挥官运用他的技能在战术上最重要的点上集中力量。在海上,这种军事意义上的战术位置概念,以及在给定的点上集中战舰的可能性都是不存在的。所谓的海上"战术位置"只是一种转瞬即逝的现象。因此,力量的集中首先是战舰本身火力的集中。这种战术思想导致了无畏级战列舰的建造,而且只要海军战斗还在继续,就一定会导致战舰排水量的进一步升级。无论谁无视这一原则,他的行为就会和不主动在最重要的点上集中力量的军事指挥官一样。② 由于我们很清楚我们装备的卓越性,更大口径的大炮或许能实现真实的火力优势。③ 那么从战术上来讲,我们就可能具有足够的优越感,开始考虑战术性战斗的战略目标。

然而,尽管通过装配更大口径的大炮以及技术上的优势,舰队可能变得非常强大,决定性的缺陷却并不存在于物质的领域,而存在于心理的领域。对于口径的这种比较引发了战术调查,以及对舰队相互战斗价值的评估,这使我们变得非常谨慎。

因此,即便在新的建造中也应将心理因素考虑进去。这种心理状态从何而来,是否正当都无关紧要。无论正确与否,战争中的这种心理状态都是一种非常有效的因素。

---

① Carl von Clausewitz, *On War*, eds. Michael Howard and Peter Paret(Princeton, 1976), p. 204 :"变得非常强大总是最好的战略;先是总体而言,然后是在决定性的点上……没有比使一方的力量保持集中更高级更简单的战略法则了。"

② 然而,提尔皮茨的建造项目存在着一些金融和物理上的限制。1905 年,威廉港的闸门被限制在 23.2 米宽,结果战舰的排水量被设定在 19000 吨这一最适宜的水平上。与英国无畏级战列舰保持同步的决定在 1909 年至 1914 年间需要额外的 11480 万马克,以拓宽连接北海与波罗的海的威廉皇帝运河。见 Herwig, *"Luxury" Fleet*, pp.58、61。

③ Ibid., p.64.1914 年时克虏伯曾考虑将大炮口径扩大到 38 厘米、40.6 厘米、45.6 厘米甚至 50.8 厘米。当然,口径的扩大会要求德国的战舰具有更大的排水量,而这又必然要求对运河和闸门进行另一轮拓宽。

（4）海军的演习与兵棋推演呈现出同样的景象。蓝方（德国）在战斗中遭遇优势力量就总会输掉。① 推演室里的这种经验被直接纳入了我方作战计划之中,该计划命令,只有在力量对等后才能进行战斗。② 我们在演习中的经验加深了自卑感——我们甚至在某种程度上鼓励这种自卑感——以及由此产生的我们对于防御的信念。"风险理论"的军事含义——给定力量对比基础之上的北海防御战——由此和海军的海上任务之间建立了彻底的一致性。

2. 进行战斗的战术意愿可以避免

这种自卑感将舰队锁在了赫尔戈兰湾,并使海军领导层无法进行战略思考。尽管海军和平时期的训练揭示了为什么我们会感到自卑,但这仍旧没有表明,我们是如何将海军战斗（纯军事术语层面）视为一切努力的最终目标的。

在我们所有的海军演习和兵棋推演中,战斗都成了一切行动的最终目标,战略基础从未进入过我们的视线。③

这种战斗因此成为一切战略的目标。人们未能意识到,导向一场战斗的一切行动都只是这种战斗的战术前提,而战略是存在于战术之外的。海

---

① 1911 年 2 月 23 日,舰队司令海宁·冯·赫尔岑多夫海军上将（Henning von Holtzen-dorff）向德皇威廉二世汇报了舰队前一年的演习。尽管英国处在和平时期的复员状态,力量分散,而德国准备就绪,集中了所有力量,1910 年 9 月的演习还是显示公海舰队将遭到惨败。唯一的希望明显存在于和平时期对英国阵地的袭击。赫尔岑多夫警告,对敌人海岸的袭击"最多也只能造成一些对战斗结果没有影响的小麻烦",是"毫无希望的冒险",是"对我们力量的有害分散和浪费"。BA-MA, Nachlass Levetzow, N 239, Vol.9, pp.333—336。

② 德国 1914 年的"作战计划"打算先逐个击破英国部队以取得力量对等再进行总体海军交战。勒维佐夫内心深处很清楚,这种政策是不切实际的。"逐个击破英国部队的政策预先假定敌人会犯下大错、愚不可及,而我们只有在无法预料的情况下才能指望碰到这种状况。"BA-MA, Nachlass Levetzow, N 239, Vol.91; Levetzow to Westerkamp, 7 July 1915。

③ 到了 1915 年 1 月 26 日的时候,提尔皮茨海军上将还提醒海军参谋本部:"创造舰队就是着眼于战斗,因为舰队只有进行战斗才能为德国获取一些积极的东西。"BA-MA, Nachlass Levetzow, N 239, Vol.43, p.18。

军领导层并未受到战术是实现战略的手段这一法则的干扰，①将战略转变成了进行战术战斗的理由。

舰队轰炸了敌人的海岸（雅茅斯和哈特尔普尔），并非要在那里获取什么东西——事实上在那里什么也获取不了——而仅仅是为了挑起一场战斗。考虑一下战争开始时就拦截跨越英吉利海峡的部队运输队。从赫尔戈兰湾派出水面部队进行拦截，技术可行性有多高？以相当于大约 6 艘潜艇产生的效果突入海峡的这种行动和战争的总体目标一致吗？这些问题都是次要的，因为我们所要做的只是对这些运输队造成压力并挑起一场战斗。毕竟海军领导层所追求的从来都只有海战的手段而非目标。

海军领导层从不承认战斗只是为了争夺海上控制而进行的，相反，领导层将战斗等同于战争目标，想要从战斗"本身"获取只有通过海上控制才能得到的一切军事、政治和精神上的好处。

"我们过去二十年中一切军事和管理活动的目标就是战斗。"②

这句话表明，我们认为交战总是自然而然地成为决战。

下面的对比能够很容易地让人发现，关于战斗的这种观念，以及对英国进攻精神和战斗意愿的错误信念是多么深刻地植入了我们的思想之中，③

---

① Clausewitz, *On War*, p.97, 强调战斗的进行只是为了一个"更深层的目标"，战斗的效力"与政治目标相关，而非手段"。

② 魏格纳增添了一则脚注："Tirptz, *Erinnerungen*, p.311." 此处指的是提尔皮茨 1914 年 9 月时的态度："对我来说重要的是……我们无论如何都要战斗。"读过魏格纳此书之后，舍尔海军上将的最后一任参谋长勒维佐夫（Levetzow）1927 年 3 月 21 日写信给魏格纳："战术胜利本身就是战略。击败英国舰队意味着和平。在何处击败英国舰队无关紧要——离我们的海岸越近越好。"BA-MA, Nachlass Levetzow, N 239, Vol.100。

③ 关于提尔皮茨坚信英国执迷于"进攻精神"，见 Herwig, "*Luxury" Fleet*, pp.36–37、148. 这名上将 1894 年 6 月 16 日的著名"9 号备忘录"已经给出了选择"公海上的决战"还是"静止，即精神上的自我毁灭。"见 *Taktische und Strategische Denkschriften des Oberkommandos der Marne Nr.IX.Allgemeine Erfahrunge aus den Manövern der HerbstübungsFlotte*, p.48 远在魏格纳之前，海军中将库尔特·马尔特扎男爵（Curt von Maltzahn）就曾在 *Geschichte unserer taktischen Entwickelung*, II(Berlin, 1911) 第 15 页中尖锐地评论道，"9 号备忘录"表明提尔皮茨试图"使从演习和战术调查中获取的经验对规划海战的基本战略原则有用。"

并影响了我们的工作。

从英国的角度看问题,我们能充分地认识到限制杰里科海军上将在赫尔戈兰湾的炮火下采取行动的动机。从战略层面来讲,我们能看到"大舰队"守护着封锁线,并会本能地认同英国将战术从属于战略的政策——换句话说,只在战略考虑需要的时候才追求战斗。

然而,从我们自身的角度来看问题,我们就立即开始将目光集中于西北方向,尽管有着上述考量,还是丧失了关于战略位置的概念。战斗在我们的意识中占据了显要地位,我们的偏见使我们无视刚刚才承认的英国行动的动机。对我们来说,存在一个战略防御作战计划的意识也彻底消失了。相反,这样的战略考虑打乱了我们的感觉,现在我们最终很不情愿地相信,离开一个房间正常和适当的方式是走门,而不是一头撞到墙上去。

在"风险理论"的要求下,进行战斗的战术意愿取得了主导地位。但是,这种观念是从哪儿来的? 我们必须进行更深入的调查。

3. 关键所在

让我们提出这样一个问题:"海战中是否存在一种特殊情况,其中战斗是一切努力的目标,战斗之后什么也不存在?"

事实上,这种特殊情况确实是存在的。纯粹的岸防就是这种情况。在岸防海军平静狭小的活动范围中并不存在战略思想。战略位置以及争夺海上航线控制权的斗争是它的考虑和能力范围之外的事。由于不用考虑战略位置的事,此处的作战计划再次取决于一方的偏好,而且总会是战略防御。即便拥有最好的战略位置,一支无法控制海洋的岸防舰队什么也做不了。有用的只有一方自身位置的战术价值(或者没有)。在这种情况下,主动权只存在于对手一方,因此对对手进攻精神不可动摇的信念就成了任何一种战争不可或缺的前提条件。在这样的条件下,敌人对一方海岸的进攻就使战斗可以接受且是正确的。在这种情况下,战斗是手段,决定了敌人是否必须放弃对海岸的进攻。那时战斗就成为一切考虑和战略的目标。由于不存在海上控制的问题,这种战斗之外就什么也不存在了。一切问题都是战术的和纯军事的。对我们来说,一切看起来矛盾的东西就都生动鲜明起来了。正如进攻战与防御战之间存在区别一样,"部署舰队寻求决战"也需要具有重要意义。

因此我们将作战计划与舰队实力联系在了一起,采取了战略上防御,战术上进攻的作战计划,将我们的舰队重新集中到了北海并拓宽了威廉港。①

出于这个原因,我们像后来我们所做的那样在北海沿岸构筑了防御工事,将赫尔戈兰这块毫无战略价值的礁石升级成了一流的堡垒。后来封锁的观念就一直存在了下来。

该讨论清楚地表明我们是如何产生"大舰队"具有"无情"优势这一观念的。"防御战"一词就表明了对于劣势的承认,我们始终不变的防御演习强化了这种感觉,最终这种感觉彻底在我们内心扎下了根。② 因此我们发现自己陷入了一种恶性循环。由于英国人占据优势,舰队就实行了封锁战术,由于我们实行的是封锁战术,我们就让英国人占据了优势。由于我们顽固地坚持防御战,在我们看来,英国舰队随着我们舰队的增强而增强。我们每天都在见证我们舰队力量的增长,如果要迫使我方舰队无条件地采取守势,"大舰队"的力量得有多强才行?

岸防战的观念甚至影响到了我们对于舰只型号的选择、我方舰队的构

---

① 1854 年,普鲁士从奥尔登堡获取威廉港,1869 年,该港被转换为海军基地。1910 年,"公海舰队"的第一分遣队从基尔转移到了威廉港。见 Herwig, *"Luxury" Fleet*, pp.12、71。

② 赖因哈德·舍尔海军上将(Reinhard Scheer)也曾对英德海军竞争的"心理状态"做出评论:"英国舰队是有优势的,他们身后是数百年之久的自豪传统,过去的伟大行动一定让每一个人都具有优越感。"见 Reinhard Scheer, *Deutschlands Hochseeflotte im Weltkrieg. Persönliche Erinnerungen*(Berlin, 1937), p.128。

成、我们的海战训练方式,以及我们的海战观念。① 连我方战术和我方舰队这个组织都受到了影响。该推理过程部分解释了我们为何未能认识到英国"快速分遣队"的目标是支援侦察,以及它因此对日德兰海战进程的影响。②

这就是我们纯军事和战术思想习惯,以及对海上航线缺乏兴趣的由来。

为什么我们如此相信战斗的效果,为什么我们将战斗等同于海军战争现在就变得很明显了。因为岸防战中战斗决定了海战的结果,我们就主张战斗,也认为它是一切战略的目标。无论在何处,在战争中还是在演习中,我们都不知不觉地想到狭窄的赫尔戈兰湾的战略环境。

战略防御、战术进攻是"岸防战"的科学准则,并不属于战略的领域,战略应对的是战略位置与争夺海上航线的问题。

我们陷入了里奥·冯·卡普里维(Leo von Caprivi)时代以来的岸防思想的泥潭中,③未能意识到,随着远洋舰队的成长,海岸作战已经不再有效。

---

① 提尔皮茨的海上计划具有如下基本信条:德国舰只具有更好的质量、更优越的战术、更为训练有素的军官和水兵、一流的领导、威廉二世治下的集中指挥结构。见 Herwig,*"Luxury" Fleet*,p.36。

② 魏格纳此处指的是五艘伊丽莎白级"超级"无畏舰。这些无畏舰设计于 1912 年,这些无畏舰计划构成主战舰队的新侧翼,速度够快(25 节),装备精良(38 厘米口径炮),足以对德国战列舰队实行"T 字战术"。这些战舰烧油,排水量在 31000—35000 吨之间,舷炮火力达到 15600 磅(同样于 1912 年铺设龙骨的德国"王储号"为 8600 磅)。见 Arthur J. Marder,*From the Dreadnought to Scapa Flow*:*The Royal Navy in the Fisher Era*,1904-1919,I(New York,1961),pp.268-271。"伊丽莎白女王号"在达达尼尔海峡服役一年后在罗赛斯大修,因此缺席了日德兰海战,但其余同级别战舰("巴拉姆号""勇士号""厌战号"以及"马来亚号")作为大卫·贝蒂(David Beatty)战列巡洋舰队的第五战斗群在日德兰一战中进行了激烈的战斗,只有"勇士号"在日德兰海战中毫发无损。

③ 里奥·冯·卡普里维(Leo von Caprivi)将军 19 世纪 80 年代是德国海军的首脑,他在任期里发展出复杂的岸防计划,这些计划着重于浅吃水的监测器、鱼雷和水雷的发展。最关键的是,他要为预期与法国和俄国进行的两线陆地战争保存"每一个人和每一分钱"。见 Ekkhard Verchau,"Von Jachmann über Stosch und Caprivi zu den Anfängen der Ära Tirpitz," *Marine und Marinepolitik im Kaierlichen Deutschland 1871 - 1914*,eds. Herbert Schottelius and Wilhelm Deist(Düsseldorf,1981),pp.66-68。

结果,赫尔戈兰湾丧失了它的战术价值,需要完全从战略价值的角度出发加以评估。

仅仅像我们提出的"远离海岸"的口号那样将防御范围扩大到距离海岸很远的地方,并将舰队命名为"公海舰队"并不能将一支小海军转变成一支大海军。① 这更是一种思维方式上的转变,是从对海军战役的战术性思维转变成战略性思维。

由于战术与战略之间差距巨大,上述差别就更明显了。这是一种"二选一"的差别。

思想总是统治着世界。我们此处遭遇的就是这样一则思想力量的历史案例,一支能够成功的舰队被转变成了一支岸防舰队。同样,我们可以鼓励这样一种希望,我们的海军今天(1929 年)是那么弱小,思想能再次保护我们的舰队,使其免于岸防的精神荒漠,使我们未来成为一支强大的海军。

在一支海军的创建过程中发挥作用的那些思想能发挥强有力的影响。

我们已经看到未被认识到的事实与指导原则产生冲突时会造成什么样的困扰。一支适合远航的舰队被钉在一个只能承载一支岸防海军的底座上时所产生的诸种矛盾是不可调和的。当一支适合远航的舰队错误地服从于一支岸防海军的战略防御与战术进攻作战计划时,实力与部署可能性之间的不协调就变得很明显了。

---

① 在 1900 年《第二海军法案》赞助下建造的战列舰第二舰群完工后,威廉二世在 1907 年 2 月颁布命令正式建立了"公海舰队"(*Hochseeflotte*)。1910 年提尔皮茨决定将舰队驻扎在北海,这实际上终结了舰队的海外巡航任务,自此它就变成了一支"公海舰队"(High Sea Fleet),而非"大洋舰队"(High Seas Fleet)。见 Herwig,"*Luxury*" *Fleet*,p.45。

4. 结　果

正如我们所见,"风险理论"及其造成的心理状态引导了我们的海军在和平时期的发展并给予了我们目标。

防御战的观念不知不觉影响了我们的舰只和型号、我们的训练、我们的战争方式。防御战的观念让我们所有人都变得盲目且一直处于盲目状态。

很好理解的是,一支相信防御战是能够实现的最高战略目标的海军必然在宣战时坚持防御战的观念。北海岸防战的实质是战术性的。

即便是岸防战也具有一项战略基础:防御。在海上的战争中,战略进攻与防御根据地理需要自由交替。在岸防战中,防御的基础十分严格,无法更改,从一开始就是固定的。由于无法更改,这种基础也就不那么明显。只有战术占据了支配地位。

因此,我们就受到了战术的束缚。[1]

斯卡帕湾被赋予了深刻的象征意义,我们的舰队就消失在那个地方的海面之下。[2] 即便在毁灭的时候,舰队也希望警示性地指向大西洋之门,指向我们失败的地方。即便毁灭了,舰队也希望告诫我们,只要海军的历史还存在,在任何时代都没有一个海上强国、没有一支舰队是崛起于纯防御性的基础之上的,争夺海上控制的战斗,而非进行战斗的战术意愿,一直都是一

---

[1]　我们的思想和态度表明,海军演习与兵棋推演根本无法阐明海战的根本概念,因为黄方(敌方)将下意识地根据德国的概念行事。这样的兵棋推演只能一次又一次证明,当对峙双方受到进行战斗的同样的战术意愿的鼓舞时,战斗很快就会发生。完全没有触及进行战斗的战术意愿是否建基于地理形势之上的问题。人们只是不断地巩固自身的观念罢了。——作者注

[2]　1919 年 6 月 21 日,海军中将路德维希·罗伊特(Ludwig von Reuter)凿沉了被扣押在斯卡帕湾的公海舰队的 10 艘战列舰、5 艘战列巡洋舰、5 艘轻巡洋舰,以及 46 艘鱼雷艇;这些舰艇价值 85600 万马克。见 Herwig,"*Luxury*" *Fleet*,pp.254-257。

个海上强国的指导性原则。

思想给予一切生命形式与内涵,理解了思想观念这种强大力量的人将从这次教训中领悟一切生命未来的希望,并在我们英勇舰队位于大西洋之门的墓碑上写下:

"死亡并重生。"①

---

① 魏格纳提到的"Stirb und Werde"来自 Johann Wolfgang von Goethe *West−Östlicher Divan* 第一卷(Berlin,1952)第 22 页"Buch des Sängers"中的诗"Selige Sehnsucht":
"Und so lang du das nicht hast,
Dieses:Stirb und werde!
Bist du nur ein trüber Gast
Auf der dunken Erden."
大致翻译为:"只要你不如此:为了重生而死亡,你就只是这个黑暗星球上的可悲过客。"

第六章　战略意志

如果我们像在本书中所分析的那样，认为英国人对战略形势的所有细节都了然于心，那就是过于高估了他们的精明性。情况当然并非如此，否则他们也不会犯下如此多的错误。不管历史将揭示他们犯了多少错误，他们战略的总方向却天生就是正确的。英国人具有数百年的海军传统，海洋流淌在他们的血管之中。海洋战略天生就根植于他们的观念之中，就像我们吸收了陆战的传统一样。

陆地上的一切生命经过历练才能成熟。一支舰队只有经过战争的历练才能成熟。我们创造了一支舰队并在训练广场上出色地对其进行了战斗训练。① 舰艇在敌军猛烈的火力下进行的"战斗转向"在日德兰海战中一举成名，②这是一种只能在伟大的霍亨索伦国王们的波兹坦训练广场上才能找到对应物的常规战术行动。然而，一如这场失败的战争所证明的，尽管海军

---

① 1929 年，德国 1914 — 1918 年海战官方史学家艾伯哈特·冯·曼迪海军中将（Eberhard von Mantey）告诉他的同僚卡尔·霍尔维格海军中将（Karl Hollweg）："我们是移植到铁打营盘上的普鲁士军官团。"引自 Holger H.Herwig, *The German Naval Officer Corps*: *A Social and Political History 1890-1918*（Oxford, 1973）, p.100。

② 关于赖因哈德·舍尔海军上将（Reinhard Scheer）在日德兰的"战斗转向"，见 Holger H.Herwig, "*Luxury" Fleet*: *The Imperial German Navy 1888-1918*（Atlantic Highlands, New Jersey, 1987）, pp.184-185。

作战熟练，然而它在思想上仍旧是一支岸防海军。这场战争将向我们正在建造的新舰队提供经验和传统。北海防御战的观念树起了一道围住赫尔戈兰训练广场的栅栏，老海军的目光从未越过这道栅栏。哪怕只有一次，如果我们曾观察过形势，我们就应该看到，尽管我们的舰艇正从岸防监视器成长为战列舰，尽管我方舰队的规模正在增长，尽管一切都处在发展的状态中，"封锁"这一该死的思想仍旧是我们思想的焦点。我们应不再将战略上防御战术上进攻的作战计划视为上帝的恩赐并接受下来，相反，我们必须调查的恰恰是这种作战计划会造成的后果。

如果我们现在认识到"战略意志"的概念，以取代战斗作为每场海上战争的智识基础，我们仍旧不应教条地接受这条新的准则，我们必须清楚地理解，就其最深层的意义而言，"战略意志"的概念意味着什么。

现在我们的任务就是考察这个战略意志的深层含义。

1. 战略意志与海权

如果我们细想一下沙俄的黑海舰队，我们就会注意到它是黑海的海权，但无法对地中海施加任何影响。黑海舰队缺少一处俄国人可以借以发挥影响的战略位置。

因此，海权由两种东西组成：舰队与战略位置。只有二者联合，而非分离，它们才能组成海权。此处存在着一种二元论。海战也依赖于这些因素，因为海上战争只是海权的暴力表达、它的铁拳而已。

海权的两大要素中，一种——舰队——是战术性因素，而另一种——战略位置——是地理性因素。由于这两大要素是完全独立的，它们所共有的某种链接就很关键。这种链接就是战略意志，通过战略作战计划发挥作用并将战术性的舰队引向战略位置。

战略意志向舰队注入生命。进攻性精神只是纯粹的战术性要素,无法赋予舰队生命,正如纯粹战术性的战斗仅是海战的伴生现象而非海战本身一样。和它所源起的海权一样,海上战争由战略位置和舰队组成。

如果我们赢得了马恩河战役并能将舰队转移到布雷斯特,我们就会进入海上的战争,从战略事务的昏睡中苏醒过来,而我们甚至都不会意识到这一点。需要战斗的就会是敌人,我们的任务就是有意识地利用我们自身的资源发展这种战略意志。

无论平时还是战时,我们都不缺少发展战略意志的动机。

几个例子就能解释这一点。

我们在赫尔戈兰湾的无望位置就是最有力的动机,严格来说,这是由于我们对北海这片死海的突击并未对英国舰队产生约束作用。这些行动只是象征性地表明了我们的存在而已。仅有的威胁在于,我方舰队可能在任何时候苏醒过来,开始通过丹麦带峡向北方发动战略进攻。

如果我方海军参谋本部在和平时期不是那么排他性地专注于潮湿的三角地带赫尔戈兰湾的防御战,那么,考虑到英国对我们的敌意不断上升,我们就应该想到,英国正在将它所有的作战计划指向我们。英国将它的舰队集中到了苏格兰并扩大了罗赛斯,这就表明了它的意图。①

我们知道我们到挪威的年度巡航已经引起了英国的怀疑。英国人根据自身的战略思维方式判断我们,坚信我们正在娱乐性巡航的伪装下研究挪威水域,以寻找一场争夺大西洋门户的战斗将要用到的基地。

因此战争开始时挪威海岸附近的英国舰艇之间发生了不可思议的夜间

---

①　海军部 1903 年决定在福斯湾的罗赛斯建立一个一流的海军基地,计划于 1916 年完工。然而,贝蒂海军上将于 1914 年 12 月将他的战列巡洋舰队转移到了罗赛斯。尽管斯卡帕湾每个方向都没有防御,却在战争爆发时立即变成了"大舰队"的作战舰队基地。见 Arthur J. Marder, *From the Dreadnought to Scapa Flow：The Royal Navy in the Fisher Era*, 1904–1919, I(London, 1961), pp.421、426, II(London, 1965), p.148。

交火事件。① 我们听到这一交火传闻的时候颇觉好笑。"这样的事不会发生在我们身上,因为我们的训练水平更加优越。无论如何,我们怎么会跑到那片水域去?"

为什么英国人竟然会认为我们会出现在挪威海岸附近?从来没有人提出过这个战略性的问题。

他们对我们的挪威巡航非常紧张。这一点在和平时期向我们揭示了英国人预期和我们进行的战争类型。

当然,我们深受以下两件事触动,一是施佩伯爵(Count Spee)在科罗内尔的胜利竟然给英国留下了那么深刻的印象,二是英国对"埃姆登号""海鸥号"的巡洋战如此紧张。② 结果,英国人集中了一支相对强大的力量去摧毁我们的弱小部队,③这和我们在日德兰海战中造成的影响形成了对比。我们的海军领导层未能从这些事实中得出恰当的结论。

事实上,我们当时正在大海广阔的洋面上运用海权——基于战略位置的战术舰艇。即便横跨在海上航线上的战略位置仅仅由一些无力的运煤船组成,它也构成了海权。因此,英国派来与我方运煤船战斗的是一支具有压倒性优势的部队。尽管日德兰之战让英国痛苦地丧失了颜面,但这并不是和一支海上力量的战斗。一旦它意识到日德兰并未使我们产生获取成为海权的第二项根本要素——战略位置——的意志时,英国很快就不觉得

① 英国的资料和研究在这个问题上奇怪地保持了沉默。只有杰里科海军上将在 The Grand Fleet 1914-1916; Its Creation, Development and Work (New York, 1919) 第 193 页间接提到了 1915 年 1 月 22 日身处挪威海域的第 10 巡洋舰编队的行动。

② 关于"海鸥号"(Möve),见 Herwig, "Luxury" Fleet, p.209;以及 Erich Raeder, ed., Der Krieg zur See 1914-1918. Der Kreuzerkrieg in den ausländischen Gewässern, I (Berlin, 1922), pp.121ff。

③ 英国人选派了大约 14 艘战舰对"埃姆登号"穷追猛打。Herwig, "Luxury" Fleet, p.156。关于英国对日德兰海战的反应,见 Marder, Dreadnought to Scapa Flow, III, (London, 1966), pp.190-201。

丢脸了。

对方完全理解了当时的形势。否则,我们就会遇到一个无法解决的矛盾:英国未能在战时击败那支它曾试图在和平时期运用一切可得手段予以挫败的舰队。英国人意识到我方海军领导层缺乏战略意志时,我方舰队就不再是威胁了。对英国人来说,我方舰队降级成一个只需要在时机有利时加以进攻的战术性目标,摧毁这支舰队则成了和平时期的目标。

"英国舰队存在的目标并非与德国舰队作战,而是获取并维持对诸洋的控制权。"(《德国的海权与马汉的教义》——*Brevet Lieutenant Colonel Beadon*。)①

我们很清楚地看到了这一切,却无法理解它的真正含义。在北海的这场防御战中,我们总是盯着西北方不放。

即便是严酷的战争现实也未能使我们放弃这种纯战术性的海战观念,未能唤醒我们成为海权的战略意志,而这种战略意志是能够向我们的舰队注入生命的。

实际上,我们的舰队在苏醒之前就已经死了。

2. 世界政策与海权

一个由于自身工业和经济结构的缘故,必须为了进出口的目的而利用海洋的国家,无论是否愿意,都要被迫采取世界政策(Weltpolitik)。然而,政治乃国家力量的表现——就其最广泛的意义而言——在决定性的危机

---

① "英国舰队的存在,并不是为了在德国选择的战场和时间、纯粹是为了战斗而与之交战。它的存在为的是获取和维持对诸洋的控制权。这么做它就履行了它的职责。"R.H. Beadon,"The Sea Power of Germany and the Teaching of Mahan,"*Journal of the Royal United Service Institute*,LXVIII,1923,p.507。

中,这种国家力量恰恰和这个国家的军事力量相当。整个国家都为战争组织了起来,变成了军事力量。大陆的政治依赖于陆地上的军事力量,但是,世界政策依赖海权,因为,战时一方无法在海上利用士兵将自身的政治意愿强加给对手。因此,世界政策直接依赖于海权和那些海权所特有的因素。然而,由于依赖于舰队必须借以行动的战略位置,海权并不总能起作用。一支陆军的政治重心(Schwerpunkt)是恒定不变的,一支舰队,尽管能对一个国家使出全部力量,但在战略位置很糟糕的时候只能对另一支舰队使出很小的力量。尽管与舰队相连,根据既定战略位置的不同,海权的效力既可能为零,也可能得到完全的发挥。世界政策的重心同样多变,同样能够产生不同的效力。

由于我方战略位置极为糟糕,与英国相比,我们的海权和世界政策什么也不是。因此,战争期间我们对中立方产生的影响甚微。

然而,英国却将我们的舰队视为一个极具潜力的海上强国的一部分,它有一天将就海洋自由和德国商船队的权利提出要求。

我们并未清楚地认识到这种关系,因为我们的思维方式是战术性的,我们将舰队视为海权的全部,而不仅仅是它的一大要素。我们未能理解丘吉尔嘲笑我们时扔在我们面前的"奢侈的舰队"这个说法的深层含义。① 坦白地说,他指的是:"你们的舰队本身并不构成海权,因此你们的世界政策根基不稳。"

受数个世纪海军史经验的熏陶,英国人理解了海权的真正含义。而我们发明了"可恨的舰队"一词,②世纪转折以来就一直在和作为我们海外政

---

① 海军部第一大臣温斯顿·丘吉尔(Winston S.Churchill)于1912年2月在格拉斯哥做了一次富有挑衅性的演说,他说,尽管对英国来说舰队是必需品,"从某些观点来看,德国海军对他们来说更像是奢侈品。"引于 Marder, *Dreadnought to Scapa Flow*, I, p.277。

② "*Grässliche Flotte*"一词源于普鲁士/德国保守派早期对一切舰队建设的反对。

策基石的舰队作斗争。

3. 世界政策与海权的目标

海战史异乎寻常地很少提到战略,这是有充分理由的。在大多数情况下,每一方具有同等价值的海岸线决定了战略位置,海上的战争是依据防御性作战计划进行的。进攻性战略并不存在。然而,在那些可以辨别出战略进攻作战计划的战争中,没有比这次世界大战更突出的了:事实上,它就是一个杰出的案例。战略进攻作战计划通常被联盟的形式所掩盖(纳尔逊地中海行动中英国与那不勒斯的联盟)①;或者它也会以陆战延伸的面貌,而非海军战略行动计划的形式浮现出来,就像日俄战争中对朝鲜的征服那样。②

因此,和平谈判中对海军战略的追求更加热烈,即便人们通常无法在海上战争的外表下意识到这种追求,因为和平条约谈成的时候战争也结束了。包括和平条约在内,英国海战的全部历史就是一次宏大的进攻性战略。数个世纪以来,英国的世界政策构成了一种进攻性的海军战略:获取海权之战略意志的典型。

此处海战的一条原则正在发挥作用:一方面,海上的战略与战术是两种完全不同的存在。陆地上的战略与战术在同样的媒介陆地上发挥作用,从

---

① 1793年,那不勒斯的国王斐迪南四世(Ferdinand IV)和他那野心勃勃的妻子、玛丽亚·特蕾莎(Maria Theresa)的女儿玛丽亚·卡罗莱娜(Maria Carolina)加入了反对法国的第一次大联盟。那不勒斯1798年对法宣战,1799年6月,纳尔逊将军(Nelson)在他的旗舰上绞死了叛乱的共和党领袖卡拉乔洛(Caracciolo);随后的一个月,纳尔逊在埃及阿布吉尔击败了法国。R.E.and T.N.Dupuy, *The Encyclopedia of Military History from 3500 B.C.to the Present*(New York,1986),pp.688-690。

② 1904年2月17日,日本黑木为桢将军(Tamesada Kuroki)的第一军在济物浦(今仁川)登陆,占领了朝鲜并最终侵入了中国东北地区。Ibid.,p.921。

战术到战略的变化是渐进的,不存在一条清晰的分界线。另一方面,海上的战术取决于水体而战略则取决于舰队的地理位置。陆军的战略始于战争爆发,但海军的战略在和平时期就开始了,完全不同于战术。因此,海军战略不是严格的军事问题,而是平时和战时、政治家和士兵的共同问题。华盛顿会议的整个"太平洋条约"构成了一次和平时期的海军战略战斗,①为的是争夺在盎格鲁-撒克逊未来与日本发生战争时必需的太平洋中的战略位置。

因此,海军战略在和平时期具有双重目标。第一,海军战略力图通过得到增强的海权加强政治重心;第二,海军战略力图尽可能地缓解舰队在发生战争时必须首先征服战略位置的必要性。不夸张地说,这些征服行动是在错误的时间对一方精力的不利消耗,因为战略位置只是战争行动的基础,并非它的最终目标。征服只是预备性阶段。

世界政策的任何政策都具有政治进攻的特点,因为世界政策需要不断调整以适应当下的一系列政治事态。海洋战略的利用以及随之而来尽可能地武装起来对抗对手的要求给予海权前进的动力。正如蒙克海军上将②解释的那样:"渴望控制海洋的国家必定不断进攻。"

在海上,静止不动就意味着衰弱。

如果陆军和海军由于战时联合作战计划而属于战友,那么海军和外交部就是孪生兄弟,因为他们必须在和平时期联合起来追求增强海

---

① 《华盛顿限制海军军备条约》签署于 1922 年 2 月 6 日。冗长的谈判后,所谓的"太平洋条约"规定美国、英国和日本维持太平洋防御工事和海军基地现状。Stephen Roskill, *Naval Policy Between the Wars*, I, (New York, 1968), pp.315–318。

② 阿尔伯马尔公爵乔治·蒙克 (George Monk) 在第一次和第二次英荷战争中统率英国舰队,他经常被视为海战"混战"派 (mêlée) 之父。人们经常认为下面这句话是他说的:"找出敌军,摧毁它!"见 Michael Lewis, *The History of the British Navy* (Harmondsworth, Middlesex, 1957), pp.88–116。

上力量的战略。成为海权的战略意志将对外政策与海军牢固地绑在了一起。

尽管我们在战争期间对舰队进行了部署，以使其成为国家的北方屏障和至关重要的瑞典—德国贸易航线的掩护，但出于各种各样的原因我们关闭了丹麦带峡，由此阻断了舰队通向北方的道路。尽管就作为海上力量而言，我方舰队的效力被削弱了一半，它仍是我们未来的唯一希望。因此，如果我们曾指望通过一场结果或多或少对我们有利的战争来获取一处战略位置就是完全能够理解的事了。

就此而言，我们盯住弗兰德斯，只是因为作为英国的基地它具有政治和历史价值而已。当海军的战略想法冒出来的时候，我们是站在难以防守的"潮湿三角"①的位置上看待它们的，我们相信英国会谋取比利时和荷兰的支持，由此将它的政治力量延伸到远至埃姆斯河的地方。②

在它与没有战略价值的赫尔戈兰湾的关系中对弗兰德斯的此类评估表明，我们对弗兰德斯的军事评估一直都是战术性的。在我们占有弗兰德斯的这场战争中，它拥有的只是战术而非战略价值，因为弗兰德斯和赫尔戈兰湾一样无法进攻海上的贸易动脉。尽管占领弗兰德斯这样一处正对泰晤士河的战术位置是令人高兴的，但它并不是海权的目标。从战略上讲，它不过是通向大西洋之桥最里处的一根支撑柱而已。

---

① 德国人通常把赫尔戈兰湾称作"潮湿三角"。赫尔戈兰岛是这个"潮湿三角"的顶点，北侧终点是叙尔特，西侧终点是埃姆斯河口。阿尔弗雷德·冯·提尔皮茨（Alfred von Tirpitz）在 Erinnerungen（Leipzig，1919）第284—285页认为"对荷兰海岸的占领"总会"决定英国的大陆霸权问题。"此外，"英国历来将比利时的问题视为自己的事情。"德国的比利时计划在 Bundesarchiv–Militärarchiv，RM 2/1990 Kais. Marine Kabinett. Krieg 1914/15，Marinedivision（Belgien）；Admiral Henning von Holtzendorff of the Admiralty Staff to Wilhelm Ⅱ on the Need for Belgium，Calais and Boulogne，Dated 29 October 1915 中有详尽的描述。

② Tirpitz，Erinnerungen，pp.284、285.——作者注

4. 作为国家目标的海权

随着跨大西洋工业国的成长,东西方向的贸易航线由北海转移到了大西洋。一百年前,美洲诸国运送的主要是原材料,欧洲仅有的两大工业国英国和荷兰将这些原材料加工成制成品并分送至大陆。因此世界贸易的通道存在于英国和欧洲之间:北海囊括了相当一部分世界贸易。那时的北海还是开放的海洋,因为当时的原始武器让海上的距离看起来更为遥远,也更难通过,反之,今天的高速舰艇和强力火炮使海洋变得更狭窄了。当时的弗兰德斯是一处横跨世界贸易航线的战略位置,是公认的抵住英国头部的手枪。

一百年前北海具有的那些条件如今转移到了大西洋。即便成了一个依赖出口和进口的重要的工业国,被大自然视为继子的德意志帝国也未能扩张到大西洋。一旦北海被转化成一片内海,地理上我们就被排除在了公海之外,又变成了一个大陆国家。然而,为了生存,我们需要通向海洋的入口——大西洋——以及大西洋上的战略位置以保护我们的贸易。

我们什么时候以及如何获取这些战略位置不是这里要讨论的问题。

对我们的分析而言只有一件事很重要:我们从未想过,为了成为一个海上强国,意在获取战略位置的海上联盟政策需要支持我们的舰队建造工程。这种需要在我们与英国开战的那一刻变得很明显。

我们远未认识到海权的本质,即便在战争期间,我们也一直没有地理目标,认为我方防御性政治政策值得称赞,把无可非议的积极政策视为不正当的政策。由于未能专注于地理问题,我们就缺少了战略目标,因此,我们将进攻政策混淆成了积极的政策。

原因总是一样的:我们未能理解海权不可分割的两大要素,由此我们也缺少了战略意志。

世界权力与海权、世界政策与海洋战略是统一的整体，因为它们的目标和影响都源于一处，即"战略意志"。战略意志无非是转向海洋的权力意志而已。缺乏战略意志的国家缺少成为海洋强国的意志。换句话说，我们想要成为海洋强国，但由于我们坚持"政治防御"和"防御战"的观念，我们便放弃了海上的权力。北海的政治防御和防御战（战略防御）只是同一件事物的政治和军事侧面而已。

无论过程如何，出于什么原因，为了向敌人证明自己热爱和平而放弃权力是很危险的政策。这么做容易招来危险，即将自己在万国议事桌上的席位让与那些带着自豪国家意识且正确地拒绝放弃权力的民族。

5. "风险理论"与权力意志

所有强国都会对它们的对手构成危险。我们无须仔细证明这种说法。但是，我们确实需要澄清，一个强国是如何变得危险的。很明显，对于对手来说，这种危险在于，当它任意践踏我们的利益时，我们会扑向它并将它击倒。这种危险存在于我们的力量和我们"通过攻击的方式"威胁敌人的意志中，并不存在于战壕里的防御战中。

然而，这种攻击的威胁[1]被我们的"风险理论"[2]明确排除在外了。我们并不想建造一支能够发动攻击的强大舰队。因此，我们的"风险理论"缺乏发动攻击的战略意志。由于我们缺乏获取海权的意志，我们就不对敌人构成威胁。这场战争就是证据。只要我方政治领导人缺乏战略意志，获取海权的意志，我们的舰队对英国来说就不危险。

和平的最佳保障并非放弃战略攻击，而是在世界权力政治中扮演一定

---

① Tirpitz, *Erinnerungen*, pp.105-108.——作者注
② 关于提尔皮茨的"风险理论"，见 Herwig, "*Luxury*" *Fleet*, pp.36-37。

的角色。塞尔维亚尽管缺乏发动攻击的手段,但它在政治上的进攻性却达到了最高程度。①

我们的防御性作战计划并不依赖于舰队之间的相对力量,实际发生的战斗也不属于北海防御战的一部分。最终,我们意识到进行战斗的战术意愿与地理因素与防御战不相关。

因此,防御战相当于放弃进攻。

不采取战略进攻的一方必定会进行战略防御。

因此,"风险理论"是外交辩证法的杰作,它能出于政治的目的(风险)给彼此之间并无关联的事务加上明显的逻辑关系。从政治上讲,该理论出色地掩饰了我方舰队项目的进攻性本质,也使我方舰队丧失了战略进攻的意志。

因此,"风险理论"只属于政治言辞的领域——既不在海上也不在政治中——因为从战略性海军观念来看,它的每一个前提都是错的。②

陆战中的军事对比尤其能给我们大陆性的军事思维留下深刻印象。因此,我们来做一个对比:

假设我们的旧陆军也采纳了"风险理论"。那时陆军可能会说:为了保障和平,我们将削减我方军事力量,维持一支足以保护我方前线阵地——齐格菲那样的防线③——的部队即可,因此我方力量不足以通过战略进攻威

---

① 魏格纳指的可能不仅仅是塞尔维亚在1914年6月28日奥匈法定继承人弗朗西斯·斐迪南大公(Francis Ferdinand)刺杀案中的共谋,还包括贝尔格莱德鼓励的"大塞尔维亚"观念,这种观念威胁到了哈布斯堡王朝的多民族帝国的生存。见Michael B.Petrovich,*A History of Modern Serbia*,II,(New York and London,1976)。

② 魏格纳是最早强调提尔皮茨蓝图政治本质的人之一。见Herwig,"*Luxury*" *Fleet*,pp.35-39。德国的海军战略曾被比作"一把尖刀,寒光闪闪,距离德国最可能的敌人的咽喉只有几英寸之遥。"Paul M.Kennedy,"Tirpitz,England and the Second Navy Law," *Militärgeschichtliche Mitteilungen*,8,Fall 1972,p.38。

③ 更正确地讲,魏格纳指的是所谓的兴登堡(或齐格菲)防线。1917年2—4月,德国撤退到阿拉斯和苏瓦松之间准备充分的防御阵地时创造了这条防线。Dupuy and Dupuy,*Encyclopedia of Military History*,pp.968-969。

胁法国。很明显,如果我们的陆军采纳了这种见解,并将其从政治舞台转移到了军事领域——如海军所为,在这种观念基础之上训练了十五年——那么我们的陆军准备好的就只有战壕战。陆军将高估敌人的力量,等着敌人攻击,即便陆军实际上已经增长到比防御战所需还要强大,出于纯粹精神上的原因,它也绝不会设想一下运动战。

这正是我方舰队所面临的情形。当训练多时的防御战由于北海没有值得保卫的东西而失败时,我们的思想困于防御战的丛林,不知道拿我们的舰队做些什么。我们在观念上的所有差异都围绕着北海的战术扫荡,从未触及这个基本的问题:防御战还是运动战?海军领导层从未意识到,由于我们无法在我们位于赫尔戈兰湾的"齐格菲防线"直接攻击英国的远程封锁线,我们亟须打破封锁。我们同样仅从防御的观点看待挪威和丹麦问题,①下定决心必须在英国占领这些位置时准备好反制措施,却彻底忽视了这样一个事实,即由于我们关闭了丹麦带峡,英国已经掌握了这些国家的战略位置。

我们一次也没敢想过,我们可以挑战超群的英国,挑战它在自身领土和大西洋中的支配地位。然而,为了我们的贸易,要么发起挑战,要么就在战争中彻底放弃海权。

由于采纳了"风险理论",我们有意背弃了我们的目标并选择了放弃。

我们仅希望保卫自身,从未想过对英国发起政治上的,因而也就是战略上的进攻。然而在海上抵抗一个海上强国的理由不可能是"保卫自身"。一方只有在争夺贸易航线时才会与一个海上强国作战。

---

① 魏格纳此处做了一个注释"Tirpitz, *Erinnerungen*, pp.300-301"。提尔皮茨在这几页中认为,"尽管面临着英国的威胁",德国舰队让荷兰和斯堪的纳维亚国家得以在战争期间保持中立。事实上,由于公海舰队的壮大,英国不得不放弃在日德兰登陆的早期计划,提尔皮茨称其为"对丹麦的蹂躏"。

这种防御性心理塑造了我们战前的政策、我们的舰队建造项目、我们舰队的发展,以及我们的战争方式。

海军在和平时期的训练都充满了防御的精神。所有决定性的问题都不是从权力政治的角度,而是在防御战的思想下解决的,包括口径和排水量、演习与训练,甚至我方舰艇的煤炭补给。我方鱼雷艇的型号、战术以及战斗价值就是北海防御战观念最突出的表现。[①] 如果我们在发展这种舰艇时将大西洋波涛的起伏考虑在内,这种武器就会呈现出完全不同的面貌。

由于海军相信自身的训练是为了进攻,这种防御性姿态就摆出了一个很严肃的问题,即海军是否在自我欺骗。对战术进攻训练的强调难道不是一支内心反对防御训练的海军的本能防御机制吗?

不应将个人的勇敢或者如此深入德国特性的进攻性倾向与这种战术进攻的姿态混为一谈。战术进攻的姿态相当于对总体形势中战术位置的直观感受,正如可靠的领导或下属感受到的那样。当自卑感弥漫于全局时,自卑的态度影响到了对于战术情形的评估。注意到这一点是很有启发的。海军是否可能调整自身,以同时适应战略防御与战术进攻?这个问题很难回答——事实上我们也不打算在这里回答这个问题——但它值得我们严肃思考。

战略是主人,战术是仆人。可以想象,舰队发展背后的战略理念同样可以成为战术形势评估的中心思想。如果自卑感导致了防御性战略,战术就可能反映出这种感觉。

如果我们曾让舰队走出"潮湿三角"这个死角并采取攻势——唯一可能弥补我方地理位置缺陷的措施——我们的战术就会自动呈现出进攻性特

---

① 建造于1911—1913年间的一系列大型鱼雷艇,S13-24,能以29节的速度巡航600海里;建造于1911—1914年间的小一些的型号,S58-65,能以18节的速度巡航470海里。Erich Groener, *Die Deutschen Kriegsschiffe*, I(Munich, 1966), pp.217、239。

点。那时我们就铺好了通向海权的道路。不会有人再谈论战术进攻姿态的事情。那时我们的舰队也就准备就绪了。

无论我们从哪个角度或思路观察我们的海上发展，我们都会得出同样的结论。我们可能曾希望我们的物资能有所改善，但除了战略意志以外，海权的意志，我们并不缺乏任何重要事务。由于我们的思维和心理结构中缺乏对改善我方地理位置极为重要的战略进攻观念，即便是国家也无法在战争的压力下采取攻势。

我们的海军想要拥有未来就只有一个方法：

尽管我们目前（1929 年）很虚弱，军官团必须从一开始就拒绝防御战的思想并发展出战略意志。我方领导层思想的转变是未来的希望。当这个国家不知道它为何存在，也缺少如何使用它的一切观念时，这支最出色、最英勇的舰队又有什么用呢？

6. 我们的海权观念

我们深度研究了战略意志的影响，以显示战略意志不仅深刻影响了海军，还在国家转向海洋时深刻影响了错综复杂的整个国家。我们的研究显示出，我们必须远远跳出军事领域的狭小范围并充分理解海权的概念。德国完全不理解这个概念。海军确实形成了海权对世界政策影响的清晰观念，可能比任何其他政府机构都更好地理解了海权的政治含义，但它并未理解海权基础的双重本质，而这在决策的时刻决定了世界政策的命运。

我们相信舰队本身就构成了海权。

我们战前政策的实质以及我方海军领导层战争期间的行为证明我们错了。对我们是如何形成这种片面且错误的概念做个总结性的调查将是很有趣的。

我们犯下如此错误可能是因为我们的海权观念完全来源于我们的大陆性陆权观念。根据这种观念,力量大小完全依赖于陆军的规模,因此我们就形成了丝毫不考虑战略地理位置的海权观念。

如果我们站在这种大陆性和军事性海权概念的角度考察一下北海的防御战,我们就会注意到下面的情况。

让我们假设法国和西班牙之间发生了战争。我们可以假设弱势的西班牙陆军也许能成功地控制比利牛斯山的强力防御阵地,抵挡住了强大许多的法国陆军的猛攻并由此使西班牙不被占领。

当你在陆地上保卫"自身"时,"自身"这个词暗指你的陆地:一处要塞、一条战壕,简而言之就是你占有的某种东西。与此类似,你在海上能"保卫"的只有一些具体的东西:一处海岸、一条海上航道、一份战利品,但不是你"自身"。在没有人的大海上,"自身"这个词所暗指的占有物并不存在。

海岸防御战的范围可能十分狭小,但它的基础更加牢靠。没有指定具体防御目标的防御战是混乱的幻觉。

在海上,并不存在防御战这种东西,这样的思想只能来源于大陆上的陆战。

每一场战争都是为了争夺敌人所拥有的某种东西而打起来的。最小的国家也拥有某些东西:它的土地。敌人渴望这些东西并发动了攻击,弱者则保卫"自身"。

然而,海洋不属于任何人。你在海上占有的唯一事物就是穿梭于海上航道的船只。只有凭借自身地理位置在战争时期控制了海上航道的人——独立于舰队的力量——才占有某种东西。

因此,一方面英国正确地打了一场战略层面的防御战,因为它本身就有要防御的东西。另一方面,我们在宣战后立刻丧失了我们所有的属地(除了波罗的海）①。因此，对于没有任何属地的我们来说，北海的防御战毫无意义，部署舰队以造成决战是纯粹的幻想。我们的处境就像一处发动突击的要塞：有可能对敌人造成一些局部军事伤害，却无法夺回已经陷入敌人之手的土地。

"风险理论"以及与其相关联的防御战是陆战领域的观念，没有考虑到占有物的因素并假定军事上处于弱势的我们必须进行防御战，而占有军事优势的英国一定会发动进攻。

我方海洋有效性（Seegeltung）的概念同样如此。我们的确希望承认英国的海上支配地位，但我们也希望变得足够强大，不用根据它的好恶行事。我们希望获取在北海的防御战中能够阻止英国将其意志强加于我们的那种力量，即海洋有效性。这正是我们类比西班牙在比利牛斯山抵抗法国的防御战中所展现出的概念。在这个例子中，尽管西班牙的陆军比较弱小，它却相对法国占有"军事有效性"。

在北海的防御战中，相反的情况占据了上风：没有海洋有效性，而是有意放弃了它。这样的防御战是纯粹的海岸防御战，不能带来海洋有效性，放弃了对海上航道和海上自由行动的争夺。任何一个将海军视为保护贸易的手段的国家都必须准备采取以战略位置为目标的战略，否则，在地理位置不利的情况下，这个国家的舰队必须满足于充当一支岸防海军。为争夺海上控制权——至少为保持自身交通线的开放——而进行战斗是每支海军存在的理由。只有当它的海军具备为了争夺海上控制权而进行战斗的物质和精神力量时，这个国家才具有海洋有效性。然而，我方海军领导层是从陆地战

---

① 海军部第一大臣温斯顿·丘吉尔在 1914 年 12 月福克兰群岛之战后注意到，"除了被陆地包围的波罗的海和黑海以及赫尔戈兰湾的保护区，海洋的清理是彻底的和迅速的，在世界的任何一个角落，德国的旗帜都不再飘扬在任何船只之上。"Winston S. Churchill, *The World Crisis：1911-1914*（London, 1931）, p.477。

争中得出我们的海洋有效性概念的。

我们将"战略"这个词应用于海洋时的表现显示,我们的观念很大程度上源于陆战,战略海军位置的观念对我们来说十分陌生。即便到了今天,我们仍将一切与战斗策略以及和敌人的直接接触有关的东西称为"战略的",例如战略侦察而不是战术侦察,不管这种行动真的是战略的(地理的),还是仅仅是大规模的战术行动。我们对这些术语不加区分,尽管其中的差异极其显而易见。我们仍然认为战略与陆地有关而战术则与海洋有关。

当一个人意识到我们的陆战概念是如何影响了我们的思想态度时,他就会很清楚地理解,为什么我们会根据"风险理论"来训练舰队,为什么尽管我们在战争期间认识到了许多事物,却未能对它们进行不同的评估。根据我们的大陆性军事观点,我们认为一切战略问题——即便我们认识到这些问题是战略性的——对战争进程的影响都是微乎其微的。

因为按照本能和传统来说,我们所有人或多或少都是陆地上的勇士,我们没有对"风险理论"的大陆性军事本质感到不快。

我们持有了近二十年的这种关于海权及其使命的观念,必然会以岸防战的形式——从我方舰队的实际力量来看,这是毫无意义的浪费——发挥它的影响,对此我们不应感到惊奇。我们也不应对最终的失败结果感到奇怪。

尽管陆战的概念解释了我们政府的行动,它也只是一种解释而已。我们仍需冷静而无畏地承认,我们关于海权、海洋有效性,以及海军战役的概念与海洋的本质相冲突。

如果一支舰队在过去的二十年中刻意聚焦并发展出了海权意志,以及(以防战争不可避免)为控制大西洋而战的意志,它会呈现出何种面貌?

即便这支德国舰队的舰艇数量未曾增加,构成这支舰队的舰艇的型号,以及舰队关于海军战役的总体思想观念也会大为不同。借助于战略位置,我们会找到通向大西洋的道路,我们会为了争夺大西洋的控制权以及海上的自由行动而与英国战斗。充满了战略意志的这种舰队就会成为新生的海权。有了这样一支舰队,我们的国家就能带着明确的目标清晰地构思出经过深思熟虑后的任务。英国宣战时这支舰队的旗舰发出的信号就会是克莱斯特(Kleist)的激情呐喊:

　　"击垮勃兰登堡的所有敌人!"①

---

　　①　魏格纳引用的是海因里希·冯·克莱斯特(Heinrich von Kleist)的爱国主义戏剧《洪堡亲王》(*Prinz Friedrich von Homburg*),该剧以第一次北方战争为背景。1675 年 6 月,勃兰登堡在菲尔贝林(Fehrbellin)击退了瑞典的入侵。"Im Staub mit allen Feinden Brandenburgs!"

第七章　舰队及其时代

此处阐述的思路看起来越是简单清晰,我们无视这种基本道理的行为就越令人困惑。

到目前为止,我们试图给出的所有解释看起来总是不让人满意,因为我们觉得我们所掌握的知识尚不够深刻。因此,我们就会思考,是不是在它们所处的时代背景中理解我们的海军和海军领导层会更好一点。

让我们先沿着这些思路考虑一下我们的权力意识(Machtinstinkt)。当陆军在战争爆发时声明它希望通过比利时进军时,我们的"权力意识"将所有疑虑推到了一边:"陆军必须得到它需要的东西。"在海上,我们的感觉有所不同。尽管我们可能并未意识到"丹麦"这一战略位置至关重要,大家都很清楚我们占领卡特加特海峡带来的优势。为了获取这些优势,我们必须和丹麦谈判,①这样一来我们就遇到了一大堆我们的海上"权力意识"无法克服的政治难题②和国际法问题③,尽管我们知道英国是如何不断违反每

---

①　Alfred von Tirpitz 在 *Erinnerungen*(Leipzig, 1919)第 315 页和第 323 页承认,德国从未考虑从丹麦带峡发起进攻,德国同意丹麦关闭大带峡。更重要的是,1919 年提尔皮茨承认,他在 1914 年赞成关闭丹麦带峡,这使德国丧失了将卡特加特海峡和斯卡格拉克海峡用作舰队基地的一切可能。

②　Tirpitz, *Erinnerungen*, pp.315、323.——作者注

③　潜艇战中出现了同样的问题。——作者注

一项国际协议的。① 我们的海上权力意识没有得到充分的发展。我们自身的经验很容易证明这一点。假设我们回到了战争之中：让我们仔细考虑一下，如果陆军出于自身目的提出了丹麦带峡的问题，会有什么结果。一讨论到陆军而非海军时，我们的权力意识就正常运行了。

如果我们将这支舰队视为这种未能充分发展的海洋本能的表现，我们采取这种战争方式而非其他方式的理由就立刻变得很明显了。尽管我们的海军战略观念可能是错的——从绝对意义上讲——它们和我们未能得到充分发展的海上"权力意识"一致，和我们缺少海洋本能一致，而这又限制了我们的目标。我们确实并不渴望成为一流的世界强国和海上强国②——一种在争夺海洋控制权的战斗中取胜就能够赋予我们的地位。事实上，我们追求的只是再次确认我们在北海有限空间里的利益。尽管我们的领导人并不承认这一点，他们并未冒险就北海之外的东西提出过意见。他们承认且渴望的东西是一样的：防御，他们所争论的只是防御的形式而已。

因此，仅就史实而言，我们能得出结论，我们的海权意志并未得到充分发展。为什么没有？我们必须再次提到我们的历史。

① 1909年1月5日，德国外交部的约翰内斯·克里格（Johannes Kriege）告诉在伦敦参与国际海军会议的德国代表团，无论在哪一场战争中，英国都会无视国际法并封锁德国："力图封锁德国北海港口的敌军舰队不会满足于封锁英吉利海峡以及设得兰群岛和挪威之间的航线，它一定会跑到距离德国海岸近得多的地方。"皇帝批示："绝对正确……因此他们会更靠近我方舰艇和水雷。"见 Bundesarchiv-Militärarchiv(BA-MA), RM 2/1760 Kais.Marine Kabinett. Intenationale Konferenz im Haag und London。

② 魏格纳此处颇不诚实。事实上，提尔皮茨所渴求的远不止维持德国在北海的位置。见 Holger H.Herwig, "Luxury" Fleet; The Imperial German Navy 1888-1918(Atlantic Highlands, New Jersey,1987), pp.33-53;另见 Volker R.Berghahn, "Zu den Zielen des deutschen Flottenbaus unter Wilhelm II.," Historische Zeitschrift,210,February 1970,pp.34-100。

1. 后俾斯麦国家

世界上的一切强大民族都是他们特有的一种观念,一种人生观(Weltanschauung)的体现。这种观念将民族塑造成国家,国家则只为这种观念而存在。如果国家被消灭,观念就会死亡。如果观念死亡了,国家就会死亡并沦落为过气之物。①

这种观念会努力扩张并驱使国家参与权力政治,这样它才能自我伸张。出于内在必然性意识,所有代表着一种观念的国家,只要它们还存在,就必须追逐权力政治。它们打仗也只是因为它们必须维持这种观念。国家政治即权力政治,国家的历史就是战争的历史。这些国家的命运存在于战斗之中。②

死了的国家,即观念已死的国家,不再征服,不再发动战争。这些国家最多只是他人的战争目标。这些国家没有历史。它们的政治是经济政治。它们享有永久和平,而和平就是死亡。③

无论历史如何贬低这种权力意志,在其时代背景中将它描绘成正确的或错误的,权力意志确实是一股真正的力量。每个国家都相信自己有权拥有这种权力意志,因为这种观念是国家存在的实质。

所有的国家都在它们的时代中追逐权力政治:荷兰、西班牙、瑞典、法

---

① 魏格纳此处注释:"斯宾格勒"。指的是奥斯瓦尔德·斯宾格勒(Oswald Spengler),*Der Untergang des Abendlandes:Umrisse einer Morphologie der Weltgeschichte*,2 Vols.(Munich,1920 and 1922);英语版为 *The Decline of the West*(New York,1926 and 1928)。对斯宾格勒及其时代的简述,见 Herman Lebovics,*Social Conservatism and the Middle Classes in Germany*,1914-1933(Princeton,1969),pp.157-160。

② 斯宾格勒。——作者注

③ 斯宾格勒。——作者注

国,以及英国。勃兰登堡/普鲁士在 1870 年之前也是这样成长起来的。然后我们就不再渴求权力了,①在世界大战中不再将权力政治作为我们的目标。发生了什么? 我们的观念已经死了吗? 绝对没有!

短暂的喘息之后,我们的国家观念在世界转折时开始重新生长。我们的本能驱使我们通过贸易和商业、航运与工业的方式走出国门,走向海外的世界政策(Weltpolitik)。与此同时,我们的舰队建造项目也遵循着同样的本能。尽管我们的世界政策与海权依赖于不牢靠的基础之上,一如我们此前所展示的,我们的舰队建造项目向世界表明了我们的海权意志。在某种程度上,世界允许我们扩张权力,预料我们肯定会在战争发生时将我们脆弱的新生海权建立于牢固的地理基础之上。由于世界相信我们未来能够成为一个海上强国,我们变得强大了,我们的商业生活也繁荣起来了。

这种国家权力意志是天生的。赋予这种权力意志适当基础与政治方向是政治领导层的任务。这个后俾斯麦国家未能完成这一任务。我们以我们的舰队建造项目显示了我们成为海上强国的抱负,但我们未能意识到,除非它在地理上向海洋扩张,否则一个大陆国家绝不能成为一个海上强国。②为了成为海上强国,这个后俾斯麦国家需要采取追求权力和联盟的海洋政策,这种政策并不必然导致战争。相反,只要我们想清楚我们的目标,这样的政策很可能找到和平的政治解决方案。这种政策的形式并非预先设定好

---

① 　马克斯·韦伯(Max Weber)和阿道夫·希特勒(Adolf Hitler)这样的人认为,俾斯麦关于德国在欧洲的"半个霸权"(semi-hegemony)的观念是"不完整"的历史发展。见 Ludwig Dehio, *Deutschland und die Weltpolitik im 20. Jahrhundert*(Munich,1955);以及 Holger H. Herwig, "Andreas Hillgruber: Historian of 'Grossmachtpolitik' 1871–1945," *Central European History*, XV, June 1982, pp.186–198。

② 　魏格纳和马汉观点类似,见 A.T. Mahan, *Retrospect & Prospect: Studies in International Relations, Naval and Political*(Port Washington, New York,1902), p.169:"历史最后证明,一个国家,哪怕只有一条大陆边界,它的海军发展也无法与一个岛国竞争,尽管后者的人口和资源更少。" Mahan, *The Influence of Sea Power upon History*, 1660–1783(New York,1957)第 65 页将路易十四用作案例:"大陆扩张的错误政策耗尽了这个国家的资源。"

的,它取决于最终达成目标的环境和时代。对国家领导者来说最重要的是清楚地认识目标,然后朝着这个目标采取富有远见且积极的政治路线。然而,这个后俾斯麦国家在自身的海权意志上欺骗了自己,没有任何具体对外政策目标。我们感到自己在地理上已经满足了。①

伟人俾斯麦的阴影笼罩了我们的道路。俾斯麦"满足了的"国家和腓特烈大帝时代的诸侯同盟②一样。该同盟表现的是那个时代的团结,以及巨大消耗之后必不可少的和平与安宁。那是一个政治防御的时代,是保护手中已有之物的时代。

和腓特烈大帝一样,俾斯麦的国务才能并不存在于风暴之后的政治防御中。相反,俾斯麦有意推动我们的国家本能向积极扩张政策的方向发展。正如腓特烈大帝曾向波德维尔(Podewils)解释的那样:"我问你,波德维尔,如果你占据优势,你要不要利用它?我已经完全准备好了。如果我未能夺取优势,那我就误解了我手中掌握的这项优势的作用。"③

然而,身处后俾斯麦时代,我们忽视了这个积极进取的时刻,相反,我们将"满足了的"国家的防御性政治视为俾斯麦国务才能的崇高表现,并将其提升为教条。

因此,无意识的国家本能和蓄意的政治领导之间就出现了矛盾。

---

① 奥托·冯·俾斯麦(Otto von Bismarck)使用"满足了"一词表示,1871 年的德意志帝国囊括了它能吸收的一切少数民族,特别是波兰人、丹麦人以及法国人。见 Lothar Gall, *Bismarck：The White Revolutionary*, II(London, 1986) , pp.40-59、140-159。

② 为了反对约瑟夫二世(Joseph II)用奥属尼德兰交换巴伐利亚,腓特烈大帝 1785 年 7 月策划了"诸侯同盟"(*Deutscher Fürstenbund*)。该同盟最初由普鲁士、萨克森,以及汉诺威组成,另外十几个德意志国家最终也加入了同盟。Otto Hintze, *Die Hohenzollern und ihr Werk. Fünfhundert Jahre vaterländischer Geschichte* (Berlin, 1915) , pp.395-401.

③ 腓特烈大帝用这种方式向海因里希·冯·波德维尔(Heinrich von Podewils)大臣解释了他 1740 年入侵奥属西里西亚的决定。腓特烈大帝认为他应该在萨克森和巴伐利亚之前夺取主动权。见 Robert B.Asprey, *Frederick the Great：the Magnificent Enigma*(New York, 1986) , p.159。

国家的经济意志要求进攻性政策,而国家却坚持防御性政策:一方面,是对世界权力和海权的渴望;另一方面,是"满足了的"大陆国家。外交部和海军之间产生了不自然的冲突。工业、航运,以及商业的发展促使世界所有国家与英国争夺市场。与此同时,我们的国家未经挣扎就将权势的一切地理基础交给了英国,而这些地理基础又对我们经济发展的武装保护至关重要。

"风险理论"隐含的正是同样的矛盾:该理论以海权意志为前提,却得出应用政治防御保护"满足了的"大陆国家这一结论。"风险理论"并非刻意而为的行话与政治诡计,它的出发点令人尊敬。① 然而,行话在战争中不再起作用,我们在政治和军事上的行为却仍然和"风险理论"保持一致。"风险理论"不仅是奠定舰队基础的准则,还是那个时代的语言表达,在这个时代中这个国家不再坚持我们的世界观。"风险理论"体现了我们的国家本能与我们所采纳的政治目标之间的巨大差异。

因此,即便在战争之中,这个后俾斯麦国家也无法辨识出积极的目标。令人烦恼的战争目标问题② 就反映了这种情况。如果国民的意识并没有指向讨论中的权力斗争,那么,最初的战争激情退去后,就到了人们询问他们战斗和挥洒热血理由的时刻。那时,考虑到战争的紧迫性,要想激励国民坚守到最后,你就需要具备坚定的意志。否则,国民的意志就会瘫痪。它的对立面、有害的反对情绪就会出现在每一个走向前台的国家意志中。我们在1918 年的革命中经历了这种倒退。1914 年,这个国家响应了国民的激昂情感,以团结一致的面貌出现在人们面前,但它却只愿意沿着无意识惯性指引

---

① 对"风险理论"不那么仁慈的解释,可见 Herwig, *"Luxury" Fleet*, pp.36-37;另见 Volker R.Berghahn, *Der Tirpitz-Plan.Genesis und Verfall Einer Innenpolitischen Krienstrategie unter Wilhelm II*(Düsseldorf,1971) ,pp.173-201.

② 关于战争目标问题,见 Holger H.Herwig, "Admirals versus Generals:The War Aims of the Imperial German Navy 1914-1918," *Central European History*, V ,September 1972,pp.208-233.

的方向前进。如果我们曾在海上与英国战斗——无论是从布雷斯特发起的战斗,还是在苏格兰附近进行的战斗——我们可能会在军事上输掉战争,但我们的国家肯定不会爆发革命。领袖们和国家将融为一体,因为双方都会采取符合国家本能的同样路线。

由于这个国家未能意识到海权的目标,对于我们这个大陆国家而言,和平就成了唯一的目标,尽管这种目标几乎无法实现。然而,单纯的和平并非此处讨论的问题。这个目标指的是与渴望获取世界强国地位的国家相称的和平。不考虑潜艇战的话,受我们大陆思维方式的影响,我们从未为这样的和平而战。舰队是达成这一目标的有力手段,却一直未能得到利用。①

因此,从历史的角度来看,我们建造舰队——一支为了保存大陆国家而设计的"风险"舰队——的理由并不合理。克伦威尔出于获取海权的目的才创立了英国舰队。② 我们的舰队是为北海的防御战建造的。这个舰队项目反映的是诞生了它的这个时代。舰队的创立源于合理的国家本能,但它的智识和政治战略基础却是错误的。

舰队与时代在所有方面都是一致的。我们的政治对世界政治性的、地

---

① "皇帝号"战列舰的阿道夫·冯·特罗塔上校(Adolf von Trotha)1915年3月31日告诉提尔皮茨:"我无法理解,在这样的生死之战中,你怎么会不使用能够重伤敌人的武器。无论哪里出现了机会就发起进攻,这才会带来胜利。"特罗塔认为,未能部署好舰队以抵抗英国"不仅仅是一场输掉的战斗",更是"对德国未来的放弃"。见 BA-MA, Nachlass Tirpitz, N 253, Vol.64, pp.12-16。

② Paul M. Kennedy, *The Rise and Fall of British Naval Mastery* (New York, 1976), pp. 55-58:"克伦威尔提出了'国家利益'的观念,这将成为其后皮特、坎宁以及帕麦斯顿这类政治家的特点。"另见 Christopher Hill, *God's Englishman: Oliver Cromwell and the English Revolution* (London, 1970)。1917年1月31日,舍尔海军上将(Reinhard Scheer)告诉海军军官们:"只有从海岸的束缚中解脱出来的舰队才能引导国家迈向更高的层次。""作为一个没有强大舰队的大陆国家,无论我们在陆地上多么强大,德国都只是控制海洋的大国之间权力政治的人质。归根到底,我们将是全球政治中的二等国家。"见 BA-MA, Nachlass Tirpitz, N 253, Vol.64, pp.74-76.

理性的目标毫不了解,舰队并未部署于战略进攻。

创造这支舰队的政治意图并非在战时保护我们的商业——1914年的总体作战计划与制海权或大西洋无关。

舰队承载的政治希望是保卫"满足了的"大陆国家——舰队被迫在北海的防御战中保卫海岸。

政治并未给国家设定目标——"存在舰队"的作战计划是毫无目的的作战计划。

简而言之,政治领导层和海军领导层都不具备海权意志。理由:被误解了的俾斯麦。

如果舰队是它那个时代的影像,那么为什么我们的海权意志没有得到发展,为什么我们的整个战争领导层从未能形成战略海洋思想就很明显了。

最终,我们在这里抵达了理解力的最深层。因为,以下这个问题无法解决:为什么我们的政治思维陷在过去,而我们的国家本能却明显在寻求新的道路?

我们生活在一个主观的世界中。我们看到的是人——只有人——缔造了历史,对我们来说,他们的思想、行动与错误就是我们历史知识的根本基础。

但是现在,让我们从过去走向未来!

今天,欧洲文明跨越全球。带有自身国家本能的列强已经崛起于海外。对于朝气蓬勃的国家来说,欧洲政治属于过去。对它们来说,存在的只有世界政治。但世界政治就是海权。

我们将不得不再次走上世界权力和海权的道路,但这次是带着成熟的海权本能。这一次的外在表现以及政治道路将有所不同。政府对海权的追求越是清晰和深思熟虑,国家的意识就越坚定,有害的反对情绪就会越快被压倒。由于国家的存在依赖于国家本能,各国对其政府是否沿着国家本能的方向前行,所采取的路线是否具有恰当的外在表现极为敏锐,因此,当时机来临时,它们就会像腓特烈大帝那样说:"我问你,波德维尔。"

历史的教训和自然法则一样简单、单调和呆板,发生变化的只有时间给历史披上的外衣。

2. 海军军官团的国家任务

认识到错误是迈向矫正它们的第一步。海军必须教育陆军与政治领导者,让他们知道我们的大陆思维方式曾搞垮了我们,因为我们需要海权却未能得到它。

只有海军军官能传播这些思想。如今,只有海军军官具有广博见闻,如果他们不为了让人们接受他们的知识而奋斗,他们就存在过错。

我们必须学会以世界政治,而不是大陆的视角观察这个世界,为了国家的未来,我们必须具有海洋的视角。

对海军来说,这次战争经验可以用下述军事术语来表述:

海军的组织和思想越是接近陆军,海军就越会发展成一支岸防力量。陆战的军事观念渗透到我方北海防御战概念之中就是证据。

岸防战是毫无结果的战争。海岸仍是土地,而保卫国土是陆军的事。因此,陆战的要求仍然主导了岸防战。一艘被部署来进行海岸防御的船就失去了它身为一艘船而具有的属性。这艘船成了浮动的海岸要塞,在它被这样部署的时间里,它身为船而具有的目标就被剥夺了。保卫海岸——这也包括潮汐水域——对海军来说只是一种"荣誉性的责任",从来都不是它的"使命"。海军的战时使命是保护堆积于国家边界之外的海洋上的对外贸易。这种对外贸易——正如我们所发现的——并不存在于北海或波罗的海,而存在于大西洋,在陆军的势力范围之外。

《凡尔赛条约》剥夺了我们海军和陆军的力量。[①] 这两大军种都失去了发动进攻战的可能。它们都只能进行防御战。但它们的使命——不管它们如今能否完成——却一如既往。陆军的使命今天仍然是保卫国土,海军的使命依旧是为了我们的工业保护我们在大西洋上的对外贸易。

正如战争所显示的,除了岸防海军,没有哪一支海军会选择自己的作战场所,这种选择是贸易作出的。然而,贸易只根据经济动机选择路线,不受国家地理位置和海军力量的阻碍。贸易走到哪里海军就必须跟到哪里。从地理的意义上理解,旗帜必须追随贸易的准则确实正确。每一个海上作战计划都必定是地理性的,且完全独立于舰队力量的原因现在就变得很明显了。贸易地点并不依赖舰队的力量,依赖它的只有海上力量集中与否,以及你在世界政治中享有话语权的大小。如今,世界政治没有我们也照常运行。

我们的海军只要没忘记大西洋,即使规模很小,它也将存活下去。只要它还活着,这支海军就会忠实地保存它从过去继承下来的遗产,即海洋有效性(Seegeltung)的观念。没有这种自觉的观念,有一天海军就会脱离广大的世界,放弃保护贸易的使命,回到岸防海军的思维方式中去。

3. 结 论

每个国家都是根据自身历史经验成长起来的。数百年来,我们被迫为

---

① 在本书 1941 年第二版中,魏格纳补充道:"这不涉及巡洋舰作战。凡尔赛条约禁止我们建造旗舰,在大西洋争夺海洋控制是不可能了。因此,只剩下巡洋舰作战,这种作战方式必定从一开始就将海洋控制权交给对手,绕过他的海军部队,力图打击敌人的贸易。因为巡洋舰作战回避了制海权的争夺,它就缺少了'权力'的属性——无论它在特定情况下造成的损害多么有效,比如潜艇战所表明的。一切都依赖于'权力',它自动包括了军事层面的贸易战,在和英帝国交战时尤其如此。凡尔赛条约禁止我们建造旗舰,只给我们留下了巡洋舰,因为巡洋舰作战在权力政治中不具有决定性。"

了我们在陆地上的生存而战,不久前我们才成为一个世界强国。我们的工业与贸易迫使我们转向海洋,然而我们在采取这一政治和军事步骤时并不情愿,迟疑不决。当世界大战向我们袭来时,我们的目标仍很有限。在这一次生存大战中,我们再次将我们的命运与大陆权力观念捆绑在了一起,以为世界大战是一场陆地战争,而且未能获胜,因为结果证明它是一场海上的战争。

陆地本能决定了我们的全部战争方式。

今天,我们是这次大战的战败者。尽管如此,我们必须找到通向未来的道路。

如果我们能清晰且审慎地在我们所有人中唤起大西洋精神,那些现在长眠于"海洋"世界母亲怀中的人们就不会白白牺牲。

那时,刻在弗伦斯堡纪念碑上的铭文就具有了象征性的意义:

"不要抱怨,再试一次。

航海事业不可或缺!"①

---

① "Nicht klagen,wieder wagen.Seefahrt ist not!"1923 年,缅怀丧生于大战中的德国海军人员的纪念碑开放于弗伦斯堡米尔维克。

附录 A：对我方海上形势的思考①

第一分舰队备忘录
1915 年 2 月 1 日

I. 战略形势

A. 政治的影响

我们今天的战略——政治形势和战争开始时完全一样。我方舰队做好了战斗准备,保护了我们的赫尔戈兰湾,将敌人排除在波罗的海之外,维持了途经波罗的海贸易航道的开放,暂时迫使俄国人采取守势,切断了他们的海上补给,并维持了丹麦的中立。因此,舰队成为德意志帝国北侧的盾牌,免除了陆军保卫海岸的任务。

结果,我们必须避免在北海进行决定性或大规模海军交战,因为这样的交战可能会严重削弱我方战斗部队,从而使我方舰队丧失政治方面的重要

---

① "毛奇号"战列巡洋舰指挥官玛格努斯·冯·勒维佐夫上校（Magnus von Levetzow）注释:"收自第一分舰队首长兰斯将军。"威廉·冯·兰斯海军中将（Wilhelm von Lans）是魏格纳分舰队的首长,他可能将这篇文章传给了勒维佐夫。

性。英国舰队具有巨大优势,即便德国取得辉煌胜利,也会使未参战的英国舰队取得北海和波罗的海的整个海上控制权,也会使俄国波罗的海舰队实力相对加强。

维持波罗的海的海上控制权对我方极为重要。只要我方舰队尚存,英国就不敢进入波罗的海。但是,如果德国舰队被歼灭,就会导致下面的情况:

1.我们取道北欧王国①的补给将被切断。

2.俄国将得到所有必要补给。

3.英国和俄国将能在我方海岸自由选择登陆地点,②这种危险将迫使陆军从前线抽调数个军的兵力(每个军大约 10 万人)。

4.英国将迫使中立的北欧王国——在任何情况下丹麦都肯定是其目标——放弃中立。

因此,在这种形势下,保存我方舰队是基本准则,对它的部署只有在维持波罗的海的海上控制权时才是正当的。

波罗的海的海上控制权对战争的胜利结果而言是必要的,但北海的海军交战并不是必要条件,因为那里的交战将使我们丧失保持波罗的海不受敌军染指的手段。

对北海战争方式的一切思想和考虑都必须从属于这些现实。我们必须避免一切会迫使我们违背意愿进行决战的推进。此外,我们面临一个纯军事上的不利条件:在远离我方海岸的地方交战,受伤的舰艇将无法返航。

---

① 魏格纳用北欧(或北方)王国泛指丹麦、挪威以及瑞典。

② 这里指的是俄国 1761 年在波美拉尼亚海岸的登陆。见 Christopher Duffy, *Russia's Military Way to the West: Origins and Nature of Russian Military Power 1700-1800*(London, 1981), pp.115-118。关于英国人 1914—1915 年间对波罗的海的认识,见 Arthur J. Marder, *From the Dreadnought to Scapa Flow: The Royal Navy in the Fisher Era*, 1904-1919, II(London, 1965), pp. 191-196。

B.我们在北海的军事——战略形势

我方舰队本就弱小,特别是它的行动自由受到了限制,因为英国的潜艇和特工能轻易地观察到我们的活动。此外,在任何形式的行动之后,我们都必须返回同一个海港。① 在这种情况下,英国人通常都能及时了解我方意图,他们还能将舰队部署在能够切断我们与母港联系的位置,在我们轻率地进行远海突击的时候迫使我们接战。

此外,英国仅凭自身地理位置便能堵住我们,这个事实使我方战略处境更加严峻。英国舰队只需要维持远程封锁,因为英国贸易生命线并不经过我们的门口。英国不需要维持近距离封锁,因为我们无法阻止他们的对外贸易。我方舰艇数量处于劣势,迄今为止的战争进程表明,我方舰艇型号同样处于劣势,这两种情况加重了我们在地理位置上的不利处境。

II. 1915 年 1 月 24 日的战争经验

1 月 24 日②已经明确表明:

A.可能是害怕我方鱼雷,英国人愿意在 20000 米的距离开火,我方火炮当时没有这么远的射程。

B.英方舰艇,特别是巡洋舰,事实上保持了试航时取得的速度,而我方速度每小时要比规定的慢上几海里,因为煤炭无法足够迅速地添进火炉。

C.英国的海军大炮实际上实现了它的口径规格。英方 34 厘米口径大

---

① 指的是威廉港和玉河。

② 多格尔沙洲的战斗发生于 1915 年 1 月 24 日。弗兰茨·冯·希佩尔将军(Franz von Hipper)指挥的由战列巡洋舰"塞德里茨号""毛奇号""德弗林格尔号",以及装甲巡洋舰"布吕歇尔号"组成的德国侦察部队被英国人拦截,最终损失了"布吕歇尔号"。舰队司令英格诺尔海军上将(Friedrich von Ingenohl)因此被波尔海军上将(Hugo von Pohl)取代。*Der Krieg zur See 1914–1918.Der Krieg in der Nordsee*,II,ed.Otto Groos(Berlin,1923),pp.189–249;以及 *History of the Great War.Naval Operations*,II,ed.Sir Julian S.Corbett(New York,1921),pp.82–102.

炮在远程火力方面相对我方30.5厘米口径大炮具有决定性优势。英方38厘米口径大炮的优势尤其明显。

D.我方巡洋舰火力不足。

E.我方鱼雷艇的速度、装备以及巡航范围皆不足。因此它们不适合大规模作战。

在这些情况下,我方鱼雷部队的现有优势就被取消了。我方鱼雷艇只有克服巨大困难才能使它们的鱼雷产生影响,它们的速度也不足以在这么大的火力范围里发射鱼雷。

从这些经验中我们看到,我方舰队实际上只由第一分舰队和第三分舰队组成,包括4艘战列巡洋舰、几艘轻巡洋舰,以及两个或三个相对合适的鱼雷艇编队。[①] 所有行动令人痛苦地显示,这些舰艇的设计也处于劣势。

虽然我方舰艇相对而言无疑取得了很多成绩,就排水量而言它们造得也很结实,然而战争中关键的并非绝对表现,而是相对表现。而在这方面我们处于劣势。我们可以确信,英国人绝不会用他们老旧的前无畏舰对抗我们,他们总会派出(战争期间得到极大加强的)最新型和最好的舰艇("马来亚号"以及配有38厘米口径大炮的舰艇)。[②]

---

① 第一分舰队由4艘建于1907—1910年间的"拿骚"级无畏舰("威斯特法伦号""莱茵号""波兹南号"),以及4艘建于1908—1912年间的"赫尔戈兰"级无畏舰("东弗里斯兰号""图林根号""奥尔登堡号")组成。第三分舰队由5艘建于1909—1913年间的"皇帝"级无畏舰(旗舰"腓特烈大帝号""凯瑟琳号""阿尔伯特国王号""路易特波尔德摄政王号")组成。"柯尼希号"和"大选帝侯号"无畏舰1914年8月12日加入了舰队。上面提到的4艘战列巡洋舰包括"毛奇号"(建于1909—1911年),"塞德里茨号"(建于1911—1913年),"坦恩号"(建于1908—1910年),以及"德弗林格尔号"(1914年9月加入)。"戈本号"(建于1909—1912年)在地中海。Erich Groener, *Die Deutschen Kriegsschiffe 1815-1945*, I (Munich, 1966), pp.80、82、114、115、118。

② "伊丽莎白女王"级的"马来亚号"完工于1916年,它的主要装备包括8门15英寸炮和14门6英寸炮。10艘"伊丽莎白女王"级和"君权"级无畏舰1915—1917年间加入"大舰队"。同时期德国"公海舰队"增加了2艘无畏舰。Marder, *Dreadnought to Scapa Flow*, I (London, 1961), p.440。

或许除保护河口之外,我方其余战列舰分舰队以及巡洋舰并不具有重要军事价值。这些舰艇——至少一部分——最好解散封存。第五分舰队尤应如此,①我们可以将它们的船员更好地用于剩下的舰艇。

III. 我们战争方式的本质

A. 在北海

正如我方舰队的力量所证明的,我们的人民②创立了一支能够保卫我方海岸的海军。我们反复明确强调,我们并没有对英国发起进攻的打算。③只建造了一支防御性海军的人民不能要求这支舰队在对抗一支具有多种优势的舰队时成功地扮演进攻者的角色,这是不合理的。

鉴于此前提到的政治目标,只要波罗的海平静无事,在北海对抗英国的行动就必然包括下面的内容:

1.潜艇战。

2.沿着英国海岸的大范围水雷战。

3.使赫尔戈兰湾做好准备,以便机会出现时能够利用好针对敌人的局部胜利。我们无法夺取局部胜利,它的出现只能依靠运气。④

在我看来,赫尔戈兰湾就是以赫尔戈兰岛为核心辐射出的 80 海里海

---

① 第五分舰队由 5 艘建于 1895—1902 年间的"腓特烈三世皇帝"级战列舰("威廉二世皇帝号""威廉大帝号""卡尔大帝号",以及"巴巴罗萨皇帝号"),以及更老旧的"沃尔特号"(建于 1890—1893 年)和"勃兰登堡号"(建于 1890—1893 年)组成。它们于 1916 年解散。Groener,*Die Deutschen Kriegsschiffe*,I,pp.68-71。

② 勒维佐夫注:"?"。

③ 关于提尔皮茨海军政策的反英本质,见 Paul M.Kennedy,"Tirpitz,England and the Second Navy Law of 1900: A Strategic Critique," *Militärgeschichtliche Mitteilungen*,VIII,1970,pp.33-57。

④ 勒维佐夫注:"巧妙地行动:(1 月 24 日的哈特尔普尔,如果整支舰队的行军得到良好指挥,在那里采取恰当的措施本可以带来胜利。)"这里指的是多格尔沙洲行动。

域。我们可以在这片区域布满水雷网,这样一来我们就能时不时地利用敌人分部的失败,而不会被迫进行意料之外的战斗。

在我看来,我们无法掌控比这更大的北海区域,因为我方舰艇的速度处于劣势。如果我方所有舰艇都是现代舰艇,即更快更强大,且我方海军建设不总是执着于最小规模,我方行动的自由就能得到提升,因为我们能够根据自身判断接受或拒绝交战。一如已经表明的那样,我方最新的分舰队火力不足,但加入老旧分舰队是无济于事的,相反,它们会削弱我方行动的自由。

4.避免进攻性的远程推进,因为这会给舰队带来毁灭的危险,也与舰队的战略目标相悖。只有当我们的 U 艇像此前做的那样再次将英方分舰队清除出北海时,我们才能考虑推进的事。[①] 只有那时,才有可能以可能的最快速度对英国海岸最近的部分——例如洛斯托夫特——发动远征奇袭。[②]

当我们选择进攻地点的时候,我们必须考虑的只有它在地理上的临近程度,因为除了迫使英方舰队返回北海,从而为我方 U 艇提供目标之外,这种远征没有其他目标。[③] 只有在极少数的情况中,才能以相对少的危险发动临时性突击——如果相应前提条件存在。

此外,整支舰队带着布雷艇一同穿过此前说的范围是错误的,因为水雷网无法给舰队部署带来恰当的优势。因此,水雷网必须由单个轻巡洋舰布设,它是足够强大的,能够承担相应风险。当然,只能使用最快的巡洋舰,因为只有它们才能在执行任务的同时躲避敌人的追击。一艘现代轻巡洋舰在

---

① ·魏格纳可能指的是 U 艇战的早期胜利,尤其是巡洋舰"克雷西号""阿布吉尔号""霍格号"1914 年 9 月 2 日的沉没。*Der Krieg in der Nordsee*, III, pp.1−49; *Naval Operations*, I, (New York, 1920), pp.209ff., 458; and Marder, *Dreadnougt to Scapa Flow*, II, pp.55−56.关于德国早期潜艇战,另见 Holger H.Herwig, *"Luxury" Fleet: The Imperial German Navy 1888−1918*(Atlantic Highlands, New Jersey, 1987), pp.161−163。

② 勒维佐夫注:"是的,但敌方舰队分部能在宽阔的北海使我方舰队陷入困境。"

③ 勒维佐夫注:"?"。

和缓慢的装甲巡洋舰或整支舰队一同行动时，要比它独自行动时更加脆弱。如果是独自行动，轻巡洋舰能够在有需要的情况下取道波罗的海返回本土。绝不能用老旧的轻巡洋舰执行这种任务，因为它很容易成为快速的英国海军部队的猎物。

5.空战。我们必须尝试使用飞艇和飞机去摧毁英国的造船厂和军需厂，以延缓敌军建设。对工厂的轰炸也是有效的，因为这将减少就业岗位，使大众惊慌并准备移居国外。①

6.用潜艇封锁商船，要尽快开始。

B. 在波罗的海

正如上文所描绘的那样，在特定的案例中，维持我方在波罗的海的海上控制权需要部署我方舰队。我方必须采取的措施理所当然地取决于俄国人的活动。必须重点说明的是，第二分舰队和第四分舰队②无法满足波罗的海的作战需求。今年春天，俄国人就将拥有 8 艘战列舰，包括 4 艘"甘古特"级战舰；7 艘装甲巡洋舰；4 艘轻巡洋舰；以及几支不能掉以轻心的驱逐舰编队。

英国人在冬季月份里整修了俄国舰队，并有可能在春天的时候指挥这支舰队，因此我们应该会碰上比我们从俄国人那里看到的好得多的领导能力。最重要的是，我们必须为可能的最大射程做好准备，我们的第二分舰

---

① 勒维佐夫注："是的，必须以最残酷的方式对伦敦施加影响。战争中感情用事就是弱点，是敌人嘲笑的弱点。"

② 第二分舰队由前无畏舰"普鲁士号""西里西亚号""黑森号""洛林号""汉诺威号""石勒苏益格—荷尔斯坦因号""波美拉尼亚号""德意志号"组成，大多建于 1902—1908 年间。第四分舰队包括前无畏舰"维特斯巴赫号""韦廷号""梅克伦堡号""施瓦本号""布伦瑞克号""阿尔萨斯号""柴林根号"，大多建于 1899—1904 年间。这些舰队于 1916 年解散。Groener,*Die Deutschen Kriegsschiffe*,I,pp.72-78.

队、第四分舰队,以及第五分舰队在这个射程上甚至无法战斗。①

根据迄今为止的战争经验,我们知道,拥有数量优势的一方处于有利地位;因此,我相信我们状况良好的分舰队将被转移,并于春天时集中到波罗的海。②

我们在波罗的海东部没有海军基地,这是我们波罗的海战略的一大难题。为保险起见,我们必须考虑如何在那获取一处海军基地,一个能够为整支舰队提供安全、抵御潜艇和鱼雷艇攻击的基地。这处基地的位置必须恰到好处,以便我方整支舰队在获取俄国整支舰队发起突袭的消息后,能在恰当的时刻部署到可以切断俄国人退路的位置上去。我们可以考虑吕根岛附近的一处海湾以及普齐格湾。就我们针对俄国舰队的战略而言,可以笼统地说,我们对他们采取的行动将和英国人在北海对我们采取的行动一样有效。③

俄国人面对我们时所处的战略形势很像我们在北海面对英国人时的情况。

IV. 结　论

必须再次强调,我方舰队的战略和政治集中,以及海上控制权的维持,

---

① 舰炮最大仰角时的射程如下:第二分舰队,"德意志号",4门28厘米口径炮,射程18800米,"布伦瑞克号"装备情况类似;第四分舰队,"维特斯巴赫号",4门24厘米口径炮,射程16900米;第五分舰队,"腓特烈三世皇帝号"装备情况类似。Groener, *Die Deutschen Kriegss-chiffe*, I, pp.70–78. 正如魏格纳在别处指出的那样,德国的大炮很少能达到规定射程。

② 勒维佐夫注:"那么,赫尔岑多夫那极其令人鄙视的1911年海军战略就会出现!!!" 1911年12月(以及1909年),海军中将海宁·冯·赫尔岑多夫(Henning von Holtzendorff)建议集中到丹麦的斯卡恩附近,而不是赫尔戈兰湾,这样一来,任何与"大舰队"进行的大型交战都将在波罗的海入口而不是苏格兰附近进行。见 Carl-Axel Gemzell, *Organization, Conflict, and Innovation: A Study of German Naval Strategic Planning*, 1888–1940(Lund, 1973), pp.81–84。

③ 勒维佐夫注:"在我看来,我们海军必须竭尽所能,尽快击败俄国人!"

存在于波罗的海而不是北海。人们还没有充分认识到这种概念,但它是绝
对正确的。

俄国波罗的海舰队情况

名称	数量（艘）	大炮口径（cm）	排水量（吨）	速度（节）
战列舰	8			
"甘古特"级（1911）	4	12—30.5 16—12	23400	23
"最高统治者帕维尔一世号"（1907）	2	4—30.5 14—20.3 12—12	17000	18
"斯拉瓦号"（1903）	1	4—30.5 12—15	13700	17.7
"皇太子号"（1901）	1	4—30.5 12—15	13200	18.8
装甲巡洋舰	7			
"留里克"级（1906）	2	4—25.4 8—20.3 20—12	15400	22
"帕拉达"级（1906）	3	2—20.3 8—15	8000	22.5
"格罗姆波"级（1899）	1	4—20.3 22—15	13400	20
"俄罗斯号"（1899）	1	4—20.3 22—15	12400	19.7
大型巡洋舰	4			
"奥列格"级（1901）	2	12—15 12—7.5	6800	23
"戴安娜"级（1899）	2	10—15 20—7.5	6800	19
另外:	77 艘配备 10cm 和 7.5cm 口径炮的驱逐舰;还有 12 艘驱逐舰将很快就绪。12 艘潜艇;还有几艘潜艇将很快就绪。			

如果只是为了做些什么①才突入北海,这些行动一般来说是没有意义
的,因为它们将自取失败。它们将舰队暴露于毁灭的危险中,却没有给予它
在战争中达成体面目标的机会。在这样严峻的时候,你不能只为了战斗而
战斗,德意志帝国的福祸应当更为重要;来年春天,或许在波罗的海的成功
行动之后,德意志帝国要依赖于北海的这支德国"存在舰队"。

第二分舰队和第四分舰队可接管保卫我方北海海岸的简单任务。②

(签名)

兰斯③

---

①　勒维佐夫注:"是的,这是正确的,不过在我看来,巡洋舰分舰队带着击败敌方分部这
一崇高目标采取的突击行动是正确的,我们必须有目的地采取这种作战形式。"

②　勒维佐夫注:"在我看来,如果当时舰队在离赫尔戈兰 50 海里到 80 海里的地方进行
支援,1 月 24 日的袭击就会很理想;哈特尔普尔行动也是如此。"多格尔沙洲之战发生于 1 月
24 日。1914 年 12 月 15—16 日,德国侦察部队以及"公海舰队"对哈特尔普尔、惠特比,以及
斯卡伯勒采取了打了就跑的行动。德国人和英国人(大卫·贝蒂海军上将的战列巡洋舰得到
"大舰队"6 艘无畏舰的加强)都错过了几次各个击破对方的机会。见 *Der Krieg in der Nordsee*,
III,pp.50-121;Naval Operations,II,pp.21-48;以及 Marder,*Dreadnougt to Scapa Flow*,II,pp.
130-149。

③　兰斯海军上将连署了魏格纳的备忘录,一些高级海军领导人因此认为是他撰写了这
份备忘录。海军内阁首长乔治·穆勒海军上将(Georg Alexander von Müller)就是这么想的。
Bundesarchiv-Militärarchiv,Krieg 1914/15,Vol.1,pp.245-249。

附录 B：1.关于我方海上形势的想法①

1915 年 6 月

I. 军事回顾

从严格的历史角度来看,你可以认为马汉歪曲了历史,他的《海权对历史的影响》一书因此没有学术价值。尽管如此,他的书对我们来说是有启发的,这恰恰是因为他的书是有偏见的,而这种偏见是对英国历史指导性原则的深刻认识。

任何将该书视为海权对战争史影响经验的人都能轻易地证明马汉的历史是虚假的。《英国的谎言先知》②一文力图证明,海战的胜利,例如阿布吉尔和特拉法尔加之战并未对拿破仑战争的总体进程产生影响,后来的和平

---

① 玛格努斯·冯·勒维佐夫上校(Magnus von Levetzow)1916 年 1 月 15 日被任命为公海舰队作战处首脑,他注释道:"1916 年 2 月。来自第一分舰队第一将军办公室。收于我成为作战处首长之后。这是舰队在新指挥官上任时的典型思维方式。"舍尔海军中将于同一天取代波尔海军上将(Hugo von Pohl)成为舰队的指挥官;特罗塔上校(Adolf von Trotha)是他的参谋长。

② "*Der Lügenprophet Englands*"一文明显是当时的人对马汉和海权的恶意诽谤。它并未被列入德国任何一部文献索引著作,弗莱堡的档案管理员也不知道有这样的著述。它有可能是人们写来(并私下刊印出来)"悼念"马汉的,他死于 1914 年 12 月 1 日。

只是陆地战争的结果造成的。从纯军事史的角度来看,这种观点在很多情况中都是正确的,但并非所有情况都是如此。尽管如此,这种视角太狭隘了。马汉的书被命名为"海权对'历史'的影响",而不是"对'军事'历史的影响"。

雷芬特洛夫伯爵(Ernst zu Reventlow)在他的《大陆吸血鬼》[1]一书中历史地推演了英国的行为方式:英国总能成功谋取大陆强国的协助,帮助它除掉最强大的商业和海上对手。英国利用陆地部队牵制对手,这使它能在商业和军事上将其清除出海洋,不再成为它的贸易竞争者。即便海上控制权对陆地战争的影响极小,对英国来说,海上控制权,而非陆地战争的变化,才是每场战争中最重要的东西,为它提供了在全世界取代敌人经济地位的机会。尽管可能完全无法影响陆地上的战争,海战对英国至关重要,因为它们移除了英国在和平之后的军事对手。

海权对历史的影响就是英国的历史。对它来说,它所从事的战争只是从商业和军事上将对手逐出海洋的机会而已。英国海权的果实主要收获于战后最初的几年里,因为战争使对手的商业和海军都很虚弱,军事和商业上皆无法在海外占据上风。因此,下面关于海战军事方式的准则必定适用于英国:

A.使用一切可用手段打击敌人经济,尽可能地切断它的海上进出口,以及它与中立方的联系。

B.如果出现了机会,它的舰队也要被歼灭。

记住英国的世界强国地位,这种地位主要出现于抵抗拿破仑的战争之后,尽管如此,我们必须牢记,它本身舰队或舰队大部的毁灭是无法换来这

---

[1]　Ernst zu Reventlow, *Der Vampir des Festlandes. Eine Darstellung der englischen Politik nach ihren Triebkräften, Mitteln und Wirkungen* (Berlin, 1915). 该书 1940 年时出现了第 15 版。英译本出现于 1916 年的纽约:*The Vampire of the Continent*。

一海军胜利的。因此,只有在敌方舰队成功地将英国对战争的经济利用(敌对后就开始了)转化成完全相反的一面时①——敌方对英国进口的威胁到了英国认为海战是抵抗这种威胁唯一手段的地步②——英国才会考虑事关生死存亡的海军战斗。

如果敌方舰队未被歼灭,英国就会指望经济上的虚弱能阻止对手战后在经济上损害它——假设英国未能通过和平条款迫使敌人舰队解体。当然,对英国来说,最安全的手段还是海军战斗,因为敌人用来重建舰队的人员已经消失了。英国总是得益于这样的机会,无一例外。③

和在所有战争中一样,英国在这场战争中针对我们的目标必定是切断我方一切联系,即使是和中立方的联系,与此同时保持它自己的联系。毁灭我方舰队某种程度上是附带的目标,基本上只是和平的一项条件。

II. 陆上战争与海上战争的区别

评估要在海上和陆地上采取的措施时,必须牢记这两种类型战争之间的深刻差异。

A.在陆地战争中,敌方军队总是战争的目标,④因为歼灭敌方军队才有可能进入敌方领土,保证胜利的国家拥有对战败者及其一切财产和资源的至高权力。于是,无论多么弱小,陆军终究无法躲开战斗,除非它将己方土地交给敌人。因此,陆地上的战斗是不可避免的,对战争的进一步发展总是

---

① 勒维佐夫注:"确实,通过 U 艇。"

② 勒维佐夫注:"到那时海军战斗也救不了英国。"

③ 勒维佐夫注:"对。"特罗塔 1917 年 10 月 24 日向提尔皮茨通报了舰队关于"背信弃义的阿尔比恩"的看法;在这场战争中,"英国就是敌人,所有事情背后的那个敌人"。Bundesarchiv-Militärarchiv(BA-MA),Nachlass Tirpitz,N253,Vol.64,p.102。

④ 勒维佐夫注:"作战目标。"勒维佐夫未能理解魏格纳在这篇文章中对战术和战略所做的区分,笼统地将所有海军活动视为战术或者作战。

很重要。

B.海上的情况有所不同。海战本身什么也决定不了,因为它无法获取敌方一寸土地。海上的战争只有通过间接的手段产生影响,即切断敌方与中立者的贸易。① 因此,海军战斗只有在使获取海上控制权成为可能,或为其铺平道路时,才会影响战争的进程。至于这种海上控制权应被用于掩护登陆,还是完全封锁敌方领土,归根到底与舰队无关。由于海战的效果是间接性的,一支劣势的舰队只会在非常特定的条件下才会接受战斗,即维持海上控制权(即便在有限的海域内)对这个国家经济生活的存活,或战争的进一步展开至关重要时。

陆上战争和海上战争之间的区别只有在这种紧迫的状态下才会退居幕后。然而,虽然你或许能重组一个破碎的兵团,你是无法在战争期间建造一艘新旗舰的。一艘损失掉的舰艇总是无法替代的。战后重建一支遭到重创的舰队需费时数年,而且即便到了战后,被削弱一方的繁荣或多或少都要仰仗海军强国的善意。

因此,一个拥有一支劣势舰队的帝国只有在事关生死存亡的时候才会冒险进行大规模交战,因为此事后果影响深远,对这个国家命运的决定性影响超出了战斗的范围,甚至会延续到和平之后。

例如,对马海战就是这种情况。② 那里必定会发生一场战斗,因为没有

---

① 勒维佐夫注:"因此,敌方舰队也是作战目标。"在1916年8月25日与巴伐利亚国王的一次讨论中,特罗塔陈述道:"舰队是德国国家发展的表达和体现。没有舰队,德国的未来就没有希望。陆军是德国国家之树的根基,海军则是伸展到世界的分枝。"BA-MA, Nachlass Tirpitz, N253, Vol.64。

② 1905年5月27日,罗日杰斯特文斯基海军上将(Z.P.Rozhdestvenski)指挥的俄国海军部队在对马海峡被东乡平八郎大将(Heihachiro Togo)指挥的日本海军部队歼灭。见 A.T. Mahan, "Some Reflections on the Far-Eastern War", *National Review*, 47, 1906, pp.383-405; Richard Hough, *The Fleet that Had to Die*(London, 1958);以及 Richard G.Plaschka, *Matrosen-Offiziere-Rebellen.Krisenkonfrontationen zur See 1900-1908*, I(Vienna, 1984), pp.145-296。

对海上控制权的维持,中国大陆上的日本军队就无法生存。如果俄国人在对马海战取得了胜利,奉天(今沈阳)之战①可能就不会打起来;如果打起来了,它也不会决定这场战争的结果。

我们的处境是另外一种情况。维持波罗的海的海上控制权对我们极端重要,因为我方获自中立方的最后仅剩的进口贸易经过那里。如果英国试图进攻丹麦带峡,尽管处于劣势,我们也必须在那里与它战斗。

III. 战争中的国际法

由于陆上战争与海上战争的进行过程根本不同,国际法原则无法同等地应用于海战和陆战。这种差异在对待私人财产以及中立贸易方面尤其显著。

在陆战中,由于胜利者获取敌方领土所有权、摧毁敌方或中立方私人财产不符合军事强国的利益。恰恰相反,将被占领的土地越是繁荣,胜利者能够获取的资源就越多。摧毁敌方领土上的经济生活,因而必须承担起维持困苦民众生活的担子,这不符合它的利益。

所谓的国际法缺少强制性的执行能力,只有国际协议才能赋予它合法性。但是,所有相关方只有在遵守这些协议不会阻碍战争进行的时候才会支持这些法律原则。② 除了运用暴力将自身意志强加于敌人之外,战争别

---

① 奉天之战发生于 1905 年 2 月 21 日至 3 月 10 日之间。阿列克谢·克鲁泡特金将军(Alexei Kuropatkin)指挥的俄国部队损失 10 万人,奥保巩大将(Yasukata Oku)指挥的日军部队损失约 7 万人。见 J.C.Fuller, *The Decisive Battles of the Western World and Their Influence Upon History*, III(London,1957), pp.142–170。

② 魏格纳的立场应与海军上将约翰·费舍尔爵士(John Fisher)一样,后者是出席 1899 年海牙裁军会议的英方代表:"如果你在国内外故意反复宣称,你已经准备好运用一切力量立即发动战争,第一个进入战场,打击敌人的腹部,在他倒下时踹他,把你的俘虏扔进油锅(如果你逮到的话),拷打他的女人和孩子,那么人们就会离你远远的。"引于 Arthur J.Marder, *The Anatomy of British Sea Power: A History of British Naval Policy in the Pre – Dreadnought Era*, 1880–1905(New York,1940), p.347。

无其他目的;①因此,试图通过协议阻止人们运用这些权力是荒谬的。在陆地战争中,私人财产等能够且确实免于毁灭,仅仅是因为这种安排不会与陆上战争的进程冲突。

海军战争则完全不同。因为海战只能施加间接影响,而且除了拦截它的贸易之外,海上控制权也没有其他手段将一国的意志强加于敌人,因此,所有多少意图保护私人财产的条约和协议本质上都与海战的本质冲突。出于内在必然性,一国必定会为了保证自身的生存而违反这些条约。

为了避免不人道的名声,和平时期你不能总是不同意这样的国际协议。但是,当海战中没人遵守这种协议时,你也不应感到惊讶。当我们看到英国全面违反国际法时,我们必须理解,如果英国不想使它的海上控制权成为完全的幻影,它就不能采取其他行为方式。和平时期的条约带来了关于海战的错误概念。

海战和陆战之间还有一种区别。虽然基于国际法的协议在任何情况下都在陆战中具有同等的重要性,在海上时,同样的这些条约的重要性则会根据战争场所和你正在交战的敌人而变化。例如:如果我们只与法国交战,我们在封锁法国海岸的时候对中立方权利的尊重程度,会比我们现在与英国交战时大得多。因为它是一座海岛,只有凭借海上控制权才能进攻英国,那就是说,这些手段是间接的,会侵犯敌方和中立方的私有财产。对中立方意愿——例如他们力图减少潜艇战——的每一次让步都是有意阻止我们使用我方最佳武器打击英国的行为。

另举一例:陆战中通常都能避免炮轰未设防的地方,海战中却很少如

---

① 这是魏格纳第一次表明他是克劳塞维茨(Carl von Clausewitz)的信徒。见 *On War*, eds.Michael Howard and Peter Paret(Princeton,1984),p.75:"因此,战争是强迫敌人践行你意志的一种暴力行为。"

此。例如,像英国人那样炮轰达累斯萨拉姆①是毫无军事价值的,因为这除了摧毁一些财产外别无用处。然而,炮轰雅茅斯②这样的英国城市的价值恰恰在于,为了保护它的港口,英方舰队将被迫前进到离我们很近的地方,并使其暴露于它本可避免的危险之中。

IV. 战争目标③

维持或争夺海上控制权以及用于实现这一目标的手段是这场战争的目标,英国人和德国人对这些目标的评估是不一样的。

A. 英国

这场战争的目标就是海上控制权。④ 英国准备用它的舰队维护海上控制权。我们在它与我方远东巡洋舰分舰队的作战中看到了这种决心。⑤ 直

———————————

① 1914 年 8 月 8 日,"阿斯特来亚号"巡洋舰的阿尔弗雷德·赛克斯上校(Alfred Sykes)摧毁了德国位于达累斯萨拉姆(Dar-es-Salaam)的无线电站,德国人随后摧毁了主要的港口设施。见 *History of the Great War. Naval Operations*, I, ed. Sir Julian S. Corbett(New York,1920), p. 157。

② 魏格纳指的是 1914 年 11 月 3 日 4 艘德国战列巡洋舰在打了就跑的行动中对雅茅斯的炮轰。见 *Naval Operations*, I, pp. 259 - 264; *Der Krieg zur See 1914 - 1918. Der Krieg in der Nordsee*, II, ed. Otto Groos(Berlin,1922), pp.251-294;以及 Arthur J. Marder, *From the Dreadnought to Scapa Flow: The Royal Navy in the Fisher Era*, 1904-1919, II(London,1965), pp.130-149。

③ 勒维佐夫注:"作战目标。"

④ 勒维佐夫注:"作战目标。"

⑤ 马克西米利安·冯·施佩海军中将(Maximilian von Spee)的远东巡洋舰分舰队以装甲巡洋舰"沙恩霍斯特号"和"格奈泽瑙号"为中心,1914 年 11 月 1 日在科罗内尔附近击败了海军少将克里斯托弗·克拉多克爵士(Christopher Cradock)指挥的英国巡洋舰部队。施佩的部队后来于 1914 年 12 月 8 日在福克兰群岛(马尔维纳斯群岛)附近被海军中将多福顿·斯特迪爵士(Doveton Sturdee)指挥的英国特遣队摧毁,该特遣队包含了英国本土水域派来的战列巡洋舰"无敌号"和"不屈号"。见 *Naval Operations*, I, ed. pp. 355 - 371、431 - 454;以及 *Der Krieg zur See 1914 - 1918. Der Kreuzerkrieg in den ausländischen Gewässern*, I, ed. Erich Raeder (Berlin,1922), pp.197-224、269-336。

到摧毁了威胁它海上控制权和海上航道的巡洋舰,英国才善罢甘休。

摧毁我方海外巡洋舰后,除了少数例外,英国事实上取得了全球海上控制权。这种海上控制权后来被我方 U 艇的活动破坏。英国舰队在抵抗其海军力量面临的这种威胁时无能为力。使用舰队维护这种海上控制权——符合英国海战原则的反应——在面对 U 艇时是行不通的,因此我们看到英国的主力舰队在抵抗这种对手时毫无用处。①

英国在北海的海上控制权并不彻底。但英国合理地相信,它不用完整地拥有运用这种海上控制权的能力,因为英国贸易的生命线并不经过北海,而我方贸易航道可以在北海之外予以切断。因此,英国可以满足于它的远程封锁,这种封锁足以使我方舰队活动失效。对我方北海海岸进行近距离封锁对英国而言并不有利,因为靠得更近将使英方舰队暴露于遭受我方潜艇、鱼雷艇,以及水雷打击的危险之中,而且这并不会大幅提升它的局部海上控制程度。

因此,英国人对海上控制权的运用是通过控制沿着苏格兰北方海岸进行的中立贸易,以及对来自东面的整个航运交通进行护航来进行的,这些航运交通并不直接穿过北海,而是先到苏格兰,再沿着英国海岸通往它的各个港口。这种行为再次明显表明,英国的战争目标是海上控制权,德国的舰队是,也只能是附带的目标。英国相信,德国舰队的毁灭是实现和平的条件之一——如果它没有获得在有利的环境下,且不用冒险就能压倒我们的机会的话。

从英国人的角度来看,大规模海军战斗的价值极其可疑,只有我方舰队威胁到她的海上控制权时她才会考虑这么做。由于我们无法造成这种威胁,如有可能,英国就会设法避免交战。

---

① 勒维佐夫注:"除非它想打击 U 艇基地(威廉港和布鲁日)。"

B.德 国

1. 北海战场

海上控制权最终也是我方舰队的战争目标。基于这一认识,许多人简单地得出结论,认为由于英方舰队阻碍了全球海上控制权,它就是我方战争目标。这种思路很符合我们德国人的性情,陆战观念已在我们脑中根深蒂固。这种观念完全主导了我们的思想,这可以从舰队在漫长和平时期的活动——我方单方面为"战斗"做的准备——以及由其导致的我方海军部队的混乱中看出来,事实上,就连我方舰艇的建造也受到了影响。敌方军事力量本身就是战争目标①的信念取自陆战,陆战中的战斗始终影响着战争进程。② 如果我们希望知道英国舰队是不是,以及在何种程度上是我们的战争目标,我们就必须知道一场海军交战会如何改变我们相对于英国的战略形势。如果我们决定在苏格兰附近找出英方舰队,就可能会出现两种结果。

a.英国认为此刻不是攻击我方舰队的正确时机。因此,遭遇我们时英方舰队会撤回港内,力图用潜艇慢慢对我们造成伤害并在我方返航路线上布满水雷。这样的行为不仅表明,尽管冒了极大风险,我们却什么也得不到,还表明单就英国舰队而言,它并不构成全球海上控制权的障碍。相反,为了运用海上控制权,我们需要可以切断英国生命线(即它的贸易航道)的大西洋基地。

b.英国认为此刻是在苏格兰附近区域交战的正确时机。即便我们付出巨大牺牲苦战到底取得了战斗胜利,这也不会对我们的战略处境造成任何变化。在有利的条件下,战斗胜利导致的形势会和英国避战时出现的形势极其相似。③ 就大脑所能想到的而言,即使我们赢了,这种远离本土的胜利

---

① 勒维佐夫注:"不,是作战目标。"
② 勒维佐夫注:"舰队恰恰如此。"
③ 勒维佐夫注:"这不对,如果我们赢了,英国会求和。"

也会伴随巨大的舰艇损失,而一旦我方优良舰艇被击沉,英国就可以运用目前未被使用的老旧舰艇。[①] 力量的减小对我们不利,因为我们将无法维持波罗的海的海上控制权,或支持北欧王国行使中立权。因此,我们看到,胜利是有可能损害胜利者的。

因此,我们可以证明下面这条公理的合理性:只有当战斗能够导致海上控制权的建立,或者至少铺平了通向这种控制权的道路时,海军战斗才是有意义的。

2. 波罗的海战场

我们在波罗的海面对俄国和丹麦带峡时的处境和英国在北海面对我们时的处境一样。波罗的海战争的目标是维持海上控制权。只要它们不试图争夺我方的海上控制权,敌方舰队就不是战争的目标。只要英国不打算强攻丹麦带峡,俄国舰队一直待在港内,我们就没理由通过我们自己部队的交战去歼灭英国或俄国的舰队。毕竟对我们来说,俄国的舰队只是实现和平的一项条件。[②]

V. 战争计划

A. 北　海

1. 局部胜利

考虑到英国舰队与我方舰队的相对力量,人们经常假定,我们的战时

---

① 1916 年 7 月 4 日,舍尔海军上将向德皇威廉二世汇报了日德兰海战的影响:由于英国具有"巨大物质优势",德国处于"不利的军事地理位置","毫无疑问的是,即便是这场战争中最成功的舰队行动,也不会迫使英国媾和。"BA—MA, Nachlass Levetzow, N 239, box 19, Vol. 2。魏格纳的论文对这种观点的形成产生了多大影响尚无法确定。

② 在 1918 年 3 月 3 日签订的《布列斯特—立托夫斯克和约》中,俄国人同意了德国的要求,俄国波罗的海的所有海军部队要么解除武装,扣押在中立港口,要么就返回俄国母港。见 Evan Mawdsley, *The Russian Revolution and the Baltic Fleet: War and Politics, February 1917– April 1918*(London, 1978), pp.145–146。

任务是赢得"局部胜利"。局部胜利意味着在不使我方暴露于危险之中的情况下拦截敌方舰队各分部,使用占据巨大优势的部队将它们各个击破。

很明显,将敌人各个击破的观念意味着,只有敌人犯错,胜利才是可能的。这种观念预先假定我们自己的舰队所处的位置允许我们在决定性的时刻拦截并切断弱敌的退路,因为正如上文所述,较弱的对手只有在非常特定的条件下才会交战。

因此,如果一名舰队司令的任务是有计划地追求局部的胜利,他所面临的就是在最佳条件下也无法执行的任务,因为他获取胜利的前提条件建立于敌人犯错的基础之上。①

如果每种战略都一定会像有规律的棋赛那样展开,那么追求局部胜利就不适当,因为只有在侥幸的情况下才能取得局部胜利。由于局部胜利要视运气好坏而定,每一次寻找将敌人各个击破——尽管这很吸引人——的机会都会使我们面临不得不和敌人进行与我们战争目标相悖的决战的危险。

2. 舰队推进

如果你希望清晰地了解我方舰队推进的情况,那么你就应将自己置于英国舰队司令的立场:当他听说德国舰队已经出海的时候,他正在苏格兰附近。如果他得到消息,我方舰队出海的只有巡洋舰或一部分舰艇,他就会立即提出是否可能强迫这些单个编队交战的问题。因此,除非万不得已,如果

---

① 勒维佐夫注:"16.12.14? 24.1.15?"此处指的是 1914 年 12 月 15—16 日在斯卡伯勒打了就跑的行动,以及 1915 年 1 月 24 日的多格尔沙洲行动,当时德国人损失了装甲巡洋舰"布吕歇尔号"。希佩尔将军(Hipper)关于后者的报告存于 BA-MA,RM 2/1981 Kais.Marine Kabinett.Kreig 1914/15, Vol.1, pp.209-222, Dated 28 January 1915。另见 *Naval Operations*, II (New York,1921), pp.21-48,82-102;*Der Krieg in der Nordsee*, III(Berlin,1923), pp.50-121、189-249;and Marder, *Dreadnought to Scapa Flow*, II, pp.130-149、156-175。

没有和整支舰队建立起能够重新整合的关系,我们是不敢将孤立的部队派出去的。

如果英国舰队司令听说我方整支舰队已经出海,进入他脑海的第一个想法将会是:"德国舰队在做什么?"他一定会对由多佛海峡、英国海岸以及北方的英国舰队构筑的包围圈的弱点感到担心。因此,英国舰队司令始终都会担心我们意识到他的弱点,通过对他海岸进行的轰炸造成破坏,因为英国的舆论已经很紧张,公众可能会指责他没有阻止我方舰队炮轰英国港口。因此,每次听到我方舰队已掉头返航的消息,他都会如释重负。他会很高兴地赋予我们在北海内航行的自由,只有在他发现英国的水雷只对我们造成了很小的破坏时才会感到苦恼。① 结果,当我们带着舰队出海时,我们必须带着整支舰队出动:如果我们接受了出海的危险,我们就必须以某种方式打击英国人——对斯卡恩附近的贸易发动短期的战争,默默地布设水雷,或轰炸英国海岸的某个点。

当我们炮轰敌人海岸的某个地点时,我们能造成多大的破坏并不重要,唯一重要的是向世界表明,英国的舰队并未出场。这是迫使敌人进入我方潜艇、水雷等武器打击范围内,以及削弱英国舰队的一种主要手段(如果不是唯一手段的话)。对英国海岸进行的这种轰炸相对而言没什么风险,因为航空侦察的范围很广。飞艇的远距离侦察提供了偶然逮到敌方部队的唯一机会,我们避开决战的可能性也会更大。

B. 波罗的海战场

维持海上控制权是我们在波罗的海的战争目标。这一目标包括两个

---

① Marder, *Dreadnought to Scapa Flow*, II, 第 77—81 页 :"英国的水雷对皇家海军的威胁比对敌人的威胁更大"。到 1917 年 4 月,英国 20000 枚水雷中只有 1500 枚适于布设。1917 年 9 月引进"H.II"水雷时这种情况才得到补救,这种水雷完全仿制了一枚俘获的德国水雷。

方面的要求,一是确保通向德国港口的海上贸易不受限制,二是阻断瑞典和俄国在波的尼亚湾和芬兰湾的贸易。很明显,如果我们希望控制这种贸易,我们在那里行动的海军部队就需要得到保护,以免受俄国舰队的进攻。

VI. 期　望

预测这场战争中还会不会发生海战是很困难的。我们已经表明,海战并不必然会形成适当的战略。尽管如此,仍有几种动机可能使英国人的行动不那么克制。

这些动机包括:

A.我们对英国海岸的炮轰对它造成了强大的压力,它必须加强防御。因此,英国的舰队将跑到我方 U 艇和战舰的打击范围内,将面临损失战舰的危险,并为我们获取进一步的机会提供了很有希望的前景。

B.由于我们从北欧王国得到了大量补给,对英国而言,强攻丹麦带峡以从我方手中夺走这些贸易线就可能显得极为可取。

尽管如此,这样的期望最终会否发生还是很成问题的。强攻丹麦带峡将是一种你能期望,但不能假定英国会做的绝望之举。但是,下面这种可能性是存在的:要求英国舰队采取行动的声音在英国变得极为强大,以至于英国人受到误导采取了实际上不正确的行动。那时任何一场战斗都会变成"声望"之战。当英国的处境恶化时,稳重且精于算计的英国人也有可能变得更加小心谨慎。每一场声望之战都有纯军事必须之外的动机,因此,一切此类行动都比通常情况包含了更多失败的种子。

这种可能性要求我们倍加小心。即便对英国取得的小规模军事胜利具有极大的精神价值,我们也要时刻牢记,历史所认可的只有出于内在必然性而产生的东西。纵然人们行事英勇,历史也无法理解仅仅出于根深蒂固之军事抱负而进行的战斗。但是,历史将毫无保留地认可我们在冷静思量后采取的行动,无论我们的行动将我们引向保存、胜利还是光荣的毁灭。① 如今正是这样的情况,我们拥有小心保存舰队的一切理由。归根到底,我方舰队在战后的存在不仅意味着英国未能实现达成和平的一项重要条件,也构成它必须在其战后政策中予以考虑的一项因素。此外,我方舰队要在北海进行必要的活动,否则英国人在维持那里的海上控制权就太轻松了,但我们进行这种活动的时候必须极其小心。在这种必要的活动与违背我方意愿进行决战的风险之间进行平衡的难度很大,险境重重。

VII. 结　论

下面的总结描述了适当的舰队部署(不包括 U 艇):

考虑到地理情况,如果风险过大以至于危及舰队的首要任务,即在每支舰队各自领域内维持制海权,那么交战双方都不会对交战感兴趣。在这种情况下,双方舰队必然只会伺机而动。不能因为 U 艇目前正在从事舰队的工作,就认为大型舰队已经过时了。在北海这样的狭窄水域里,U 艇确实是特别合适的武器,它能使我们节省珍贵的舰队物资。

但大型舰队并未变得多余。即便在这场战场中,我方地理位置至今都使我们无法利用舰队,在争夺全球,特别是大西洋海上控制权的斗争中,居于主宰地位的是舰队而不是潜艇。

身处舰队的我们这些人必须牢记,我们的存在本身以及我们对波罗的

---

① 勒维佐夫注:"魏格纳的冷静和深思熟虑是有害的——他对无法估量的事情一无所知。"勒维佐夫的密友——特罗塔上校曾告诉提尔皮茨,"舰队的消极被动"是"兰斯海军上将和另一位分舰队司令"所致,简而言之,是由魏格纳间接导致的。见 BA-MA, Nachlass Tirpitz, N 253, Vol.64; Trotha to Tirpitz, 10 March 1915。

海海上控制权的维持具有巨大的政治价值。① 我们的思维必须足够广宽，必须为了保存我方舰队而压制个人军事荣誉。即便未能积极交战，一支强大舰队在媾和之后的存在本身就具有重大政治价值，尤其是在我们与英国的关系中。

我们仍不知道这场战争会变成什么样，或者谁将是我们最后的敌人。我们可以用 U 艇对付英国，但在与美国进行的战争中只能使用旗舰。今天我们谁也无法预测舰队何时将在适当的范围内展开战斗，为了争夺全球海上控制权而在大西洋展开战斗。②

这场战斗终将到来，不在此战中，就在下一次战争中。

魏格纳

---

① 关于完整德国舰队的"政治价值"，见 Holger H. Herwig, "*Luxury*" *Fleet*:*The Imperial German Navy 1888-1918*(Atlantic Highlands,New Jersey,1987),pp.158-161。有关舰队部署辩论的趋向，可以从某些反对全力部署舰队的高级领导人得到的绰号上一窥究竟:海军内阁首脑乔治·穆勒海军上将(Georg Alexander von Müller)被称为"拉斯普廷"(Rasputin);海军参谋本部参谋长海宁·冯·赫尔岑多夫海军上将(Henning von Holtzendorff)被称为"谎言之父";提尔皮茨的继任者,海军办公室主任爱德华·冯·卡佩勒海军上将(Eduard von Capelle)被称为"加略人犹大"(Judas Iscariot)。BA-MA,Nachlass Levetzow,N 239,Vol.91:Lans to Levetzow,26 July 1916。

② 关于在争夺大西洋海上航道控制权中德国可能向美国海军挑战,见 Holger H. Herwig,*Politics of Frustration*:*The United States in German Naval Planning*,1889-1941(Boston,1976),尤其是第五章和第七章。1916 年 10 月 16 日,提尔皮茨跟特罗塔说:"站在英国身后的美国才是真正的敌人",他表达的是许多德国海军军官持有的观点。BA-MA,Nachlass Tirpitz,N 253,Vol.64。

附录 B：2.我们能改善我方处境吗？^①

威廉港,1915 年 7 月 12 日

前 言

在 6 月末那篇关于我们战略位置的文章中,我曾试图以基本海战法则衡量我方的战略处境。

很明显,战争的目标是运用并维持海上控制权。由于海战的间接性本质,当相互对立的舰队试图阻止这种对于海上控制权的运用时,它们就立即变成了战争的目标。

然而,该调查也揭示出,只有在你应对的是力量上相对对等的舰队,且争夺海上控制权的斗争是在相对对等的地理和其他条件下进行的时候,敌方舰队才会变成战争的直接目标。否则,舰队交战的必要性就会根据舰队间力量和条件不对等的程度而变。我们看到,英国具有一支强大优越的舰队,以及不同寻常的有利地理位置,和它相比,我方舰队就成了一种偶然性的目标。即便英国强烈希望歼灭这一偶然性目标,我们也只是一种偶然性

---

① "毛奇号"战列巡洋舰指挥官勒维佐夫注:"收自第一分舰队第一将军参谋办公室。总的来说,不同意。我们必须在有利的条件下与英方舰队进行斗争。"

122

目标。此外,尽管英国舰队妨碍了我方海上控制权并因此成为我方战争目标,由于它远在我们力所能及的范围之外,因此就算有人说,对于在其他情况下有效的海上控制权运用的准则,英国舰队是个例外,也是合理的。是的,事实证明,我方舰队在今天的形势下无法给我方位置带来重要改变。相反,这取决于我们的对手是否会向我们提供改变这些形势的机会。

将我们无法做到的事用文字表达出来是件费力不讨好的事。下面的论述打算检视我们能做到的事、潜在之事与海战原则的关系如何,最后是我们是否有机会至少部分地将我们从这种处境中解放出来。这里不会涉及潜艇战和贸易袭击战(Kleinkrieg)。

I. 赫尔戈兰湾在地理上是一条死路

尽管人们充分认识到了我方在地理上的不利处境,我们仍然必须检视其中的缘由。如果你希望改善我方的不利处境,你首先必须解释决定了这种情况的详细因素。

我方糟糕的处境,特别是与赫尔戈兰湾有关的糟糕处境表现为以下四点:

(1)海上贸易之外的处境。

(2)我们被迫扮演存在舰队的角色。

(3)缺少侧翼位置。

(4)我们自身易受纵向攻击的缺点。

A. 针对贸易的措施

战争的主要目标是海上控制权及其运用,其中包括贸易拦截。从这种角度来看,赫尔戈兰湾是个十足的死角,因为没有一条贸易航道会进入它能影响的范围。大西洋过来的贸易能在多佛炮火的掩护下前往泰晤士河,如果是从北方过来,则会聚集在苏格兰海岸附近,再前往英国海岸的各个港口。东面从波罗的海过来的贸易会从斯卡格拉克驶向苏格兰,汇入那里的国际贸易。这些海上航道受到英国海岸的防护,因此是我们力所不能及的。经过北海的,以及偶然会落入我们手中的贸易极为稀少,不会对敌方造成严重的损害,因而为此部署海军部队几无价值——出于外交考虑,丹麦的食品贸易绝不可侵犯的情况下尤其如此。

我们与每一条海上航道之间的距离都太远了,就算是斯卡格拉克的航道也离得很远,我们无法从位于赫尔戈兰湾的基地成功影响这些航道。因此,限于它的地理位置,我们无法从赫尔戈兰湾运用真正的海上控制权,最小限度的海上控制也不行。

B. 存在舰队的角色

如果我们无法从赫尔戈兰湾阻断我方敌人的经济生命线,我方舰队能进行的就只剩下纯战术性突击了。针对敌方海军部队采取的这些措施必须根据我们取得的胜利加以评判。

假设我们能够获得执行用以改善我方战略处境行动的许可,无论是针对苏格兰附近的英方舰队的行动,还是追求局部胜利的系统性行动,都不在我方舰队军事行动的领域内。

因此我方舰队只能被迫沦为一支存在舰队,但是即便是存在舰队也必须进行某种活动,这样敌方才会多少感受到一些威胁。据此,必须使用某种方式让我方所有海军措施足够显眼,这样敌方才会感到不安。布雷行动的价值就在于它们的隐秘性,考虑舰队行动的时候可以将其排除在外。如果舰队为了布雷行动倾巢而出,它并非要向敌方展示它是一支存在舰队,而只是为了给予布雷艇必要的保护。除了夜间鱼雷艇行动(就此而言你能期待的只有摧毁敌方轻型部队),舰队可以用来令人信服地向敌方展示自身活动的手段只有两个,即:

1.斯卡格拉克短期贸易战

对贸易进行短暂的战时突击,其效果主要不在于对贸易产生的直接损害,而在于我方舰艇在斯卡格拉克摧毁了一些商船这一事实,即我方舰艇将会出海。受赫尔戈兰湾与斯卡格拉克之间,以及英方舰队锚地与我方位置之间的距离限制,这种针对贸易的战争所持续的时间必定很短。因此,不应以贸易战争的绝对效果来评判这种活动,而应将其视为引诱英方海军部队靠近我方的手段——不用冒险被迫卷入与我方意志相违背的决战中。

2.轰炸海岸区域

通过轰炸海岸区域,我们想让英国人确认我们的海军活动,迫使其为了保护海岸而靠近我方,进而让他们暴露于这种行为所具有的危险之中。然而,这类轰炸的频率是受到限制的,因为如果我们过于频繁地采取这种行动,英国人不用部署舰队,通过布设前沿水雷带就能够将我们拦在海岸区域之外。我们不应过于频繁地诉诸这种措施,以免我方丧失偶尔重复这种轰炸的机会。

伪装措施。因此,除了以伪装措施补充我方真实活动,我们什么也做不了。如果我们时不时地进行一次真正的轰炸,巧妙采取的伪装措施就更能扰乱敌人心绪。"加强战备",将玉河的几支编队转移到易北河和埃姆斯河,各单位就能免受敌方特工侦察,伪装措施就能得到非常有效的支援。除了扰乱敌人心绪,我们亦能使敌方特工的汇报自相矛盾,缺乏把握,进而显著提升轰炸中的奇袭效果。在媒体报道中假称我方舰艇已经出海亦可行。例如,"我方装甲巡洋舰努力搜寻敌人,但无收获",或者"第一分舰队或第三分舰队出海,但无结果"——或许能使敌人误以为我们是以轻型编队出海的。由于敌人也必须考虑维修和加煤事宜,他们可能因此忍不住偶尔只让单个编队出海。

措施评估。如果你以这些措施将会获取的成功来评估它们,不管怎样,你都必须承认,这种活动的效力只有在英国人上了钩,让他们的旗舰跑到我方势力范围之内时才会实现。如果他们没有上钩,那么一切措施都必须至少着眼于诱发一些事情出来。这种可悲的事态无法缓解,但如果我们的舰队不希望丧失存在舰队的身份,我们就必须做一些事情。令人失望的是,整个突袭行动当前对我们获取海上控制权无足轻重。

C. 缺少侧翼位置

(1)包括博尔库姆和利斯特在内,赫尔戈兰湾是一处完全缺少侧翼保护的位置。它本身亦为一处侧翼位置。当你设想对我方位置发起的进攻时,即便是由轻型海军部队发起的进攻,这种描述就会立即变得显而易见。即便我们能及时从我方飞艇那里及时获取敌方行进路线,我们通常都没做好向敌人挺进的准备。由于出海费时甚久,我们通常都到得太迟了。此外,即便是在遭遇敌人之前,我们也冒着被前沿潜艇攻击的风险。然而,一旦我们抵达,没有东西能阻止敌人及时折回并避开战斗。英方对这种情形的评估必定是,英方对我方位置采取的行动,即便是更轻型和劣势的部队采取的行动,都是相对没有风险的。英方海军部队能在相对安全的状态下抵近我方位置,不用担心优势部会从后方发起进攻:考虑到英方极为高效的情报机构,英方进攻时我方碰巧出现在北海——英国人不知道我方突击——的机会是无法设想的。① 对于接近我方海岸的英国部队而言,所有危险都来自赫尔戈兰湾,即来自前方,这就允许他们将潜艇部署在前方,并在有需要

---

① 1914 年 8 月 26 日,轻巡洋舰"马格德堡号"搁浅在芬兰湾,俄国水手俘获德国密码本以及北海方格表(方格坐标)。后来的德国无线电信号被伦敦海军部 40 号房迅速解密,阿尔弗雷德·尤因爵士(Alfred Ewing)领导了这一解密小组。见 Patrick Beesly, *Room* 40: *British Naval Intelligence 1914-1918* (London, 1982);以及 Matti E. Makela, *Das Geheimnis der* "*Magdeburg." Die Geschichte des Kleinen Kreuzers und die Bedeutung seiner Signalbücher im Ersten Weltkrieg*(Koblenz, 1984)。

时及时采取规避行动。

(2)我方位置的形势带来的后果可概括如下:

a.使用我方舰队截住敌方劣势部队的可能性,低于我方力量应能达到的程度。

b.敌人能根据行动目标调整部队规模。英国在任何时候都不会被迫使用重兵抵近我方位置,或冒险遭受与行动价值不匹配的损失。不管在什么情况下,英国所要做的一切只是建立一处遥远的集结点,因为它的轻型海军部队总能退回到整支舰队或一处适当的阵地上,没有遭受因侧翼进攻而被切断退路的风险。

c.在针对我们的行动中,敌人不用被迫保卫另一处港口,或因为分兵而削弱了自身力量。然而,分割英方海军部队正是我们必须要做的,此乃获取胜利的作战基础。

d.因为敌人不必分兵,又占有优势,她就能挑选最现代的装备。因此,与我方对阵的编队必定具有更快的速度。

D. 我们自身易受纵向攻击的缺点

(1)如果刚才描述的情形也适用于敌人,那么这种情形在某种程度上就仍然是可以忍受的。假设能为英方东海岸舰队使用的唯一港口位于哈维齐附近的某个点,像我方赫尔戈兰湾一样受到保护。我们不必详述就能知道,如果敌人只能依赖一处港口,一处我们能以潜艇巡逻的港口,对我们来说,与其作战就会轻松很多。英国凭借其地理位置便能使我们丧失运用海上控制权的一切机会,这还不够,它的东海岸密布海湾和港口,从苏格兰到泰晤士河的整条英国海岸就是一处漫长的作战基地,我们就位于它的南侧,被限制在了一个点上。

如果我们向西侧出海,我们就会持续暴露于敌方,敌人会使用优势兵力从北而来,切断我方退路,并迫使我们接受有违我方意愿的决战的危险中。如果我们对北方(例如卡特加特)的海上贸易发起短期战争,也会出现同样的情况,因为敌军能从西侧威胁我方返航路线。

(2)一旦我们出海,这种缺点就会造成下面的情况:

a.即便我方巡洋舰过剩,也绝不可能对英方漫长的作战基地巡逻侦察,因为范围太大,也因为英方每一个港口都能给其他港口提供保护,使其免受侧翼进攻。因此,任何巡逻侦察行动都会危及巡逻的巡洋舰。

b.敌方作战基地范围广大,这意味着无论我们采取哪条路线,我方侧翼都会受到威胁。因此,我们必须明白,每次我们出海都可能遭遇有违我方意愿的决战。

c.由于我们每次出海都可能造成有违我方意愿的决战,我们每次出海就都必须带上整支舰队:即便是确实只需要相对轻型兵力的小规模行动,我们也必须立即部署整支舰队。只要我们盲目出海,我方活动的效果与所冒风险之间的不对称就会一直存在。只要有一支强大的、能够覆盖广大范围的侦察力量,最重要的是飞艇,才能改善我们的处境。

d.为了进行支援,整支舰队必须一直处在前沿轻型部队后方相对较近的地方,因为遭到侧翼进攻时,如果与舰队距离过远,轻型部队就会被切断后路。这种风险再次上升了。

e.由于我们总是必须带着整支舰队出海,为了照顾老旧舰艇,我们就不得不降低平均速度。我们必须考虑到,放慢速度意味着风险上升。

简而言之,英方舰队从其处境中获取的一切优势就是我方劣势,我们对此无能为力。

E. 情 报

我方处境的另一大不利条件是,敌方特工能轻易地监视我方动向。特工和间谍可能无处不在,但无论出于什么意图和目的,就搜集敌方情报而言,没有比敌人只有一处港口且无论何时都必定返回这一港口更容易的了。事实上,由于敌人能通过荷兰和丹麦轻松地将情报带到英方总部,对我方港口的监视就变得更加容易。我方从英国获取的一切情报都不可靠,就算可靠,也有数日延迟,英方情报却能在几小时内就抵达英国。这是因为我们没有控制荷兰和丹麦的海底电缆和他们的电报站。我们可以肯定,也有一些证据显示,荷兰和丹麦存在一个组织良好的情报网。英国也有自己的海底电缆,因此不用部署军队就能对我方动向了如指掌。相对而言,关于敌人我们却不知道能确定些什么。

II. 如何改善我方处境?

如果我们希望改善处境,我们就必须试图获取那些我们显著缺少的东西。以下都是必要的:

(1)我们必须获取一处能威胁敌方行进路线的侧翼位置,迫使它在对我方位置采取任何行动时都要将自身部队分割成或大或小的编队。

(2)即便很少,我们也必须努力掌握一段海上航道,这样我们出海时就能运用一些海上控制权。

(3)我们必须保卫我方位置,以保障我方海军行动的隐秘性,因为隐秘性是战争的重要组成部分。

A. 荷 兰

看一眼地图就能明白,我方左翼由荷兰海岸构成。现在的问题是,军事占领荷兰并占据荷兰海岸,是否,以及会以何种方式满足我们对侧翼位置的三大要求。

1. 弗兰德斯

由于我们占有了弗兰德斯海岸,今日对荷兰海岸价值的评估肯定与战前不同。首先必须澄清占有弗兰德斯海岸会对战场产生何等影响。

只要我们没有占据弗兰德斯，来自英吉利海峡的所有贸易就能不受阻碍地通过多佛海峡进入泰晤士河。只有潜艇战才能威胁这条贸易线，而这也是我们今天出于类似原因沿着英国海岸其他要点正在做的事。[①] 在泰晤士河的潜艇战中，只能使用大型 U 艇，小一些的 U 艇由于巡航半径太小几乎没什么价值。

占有弗兰德斯将我们从这种形势中解放了出来，彻底改变了我们对贸易的影响。作为贸易袭击战的基地，只一击，弗兰德斯就几乎切断了流经多佛—加来海峡的贸易来往。此外，弗兰德斯的港口对这条海上航道的威胁极大，促使英国为了保护它的南方海岸，用反潜水雷和防潜网堵住了多佛海峡。结果，多佛—加来海峡之间的狭窄水域就对贸易交通关闭了大门。以往不受阻碍的贸易流动如今被堵住了，只有唐斯那里还开了一个小口子。因此，从海上贸易的角度来看，两条死路（海峡—多佛以及北海—多佛）差不多就形成了，两条路的终端交会于多佛—加来的水雷区。此处海上控制权的革命于我们有利。就贸易而言，荷兰和比利时的海岸被转化成一个死角，而在战前，它们是处在一条贸易干道上的。效果是极为显著的，和有效的封锁一样。在针对一个岛国的战争中，封锁补给是决定性的。

从这个角度来看，弗兰德斯海岸对我们来说具有无可估量的价值，这不

---

① 1915 年 2 月 1 日，德国人在普勒斯决定对协约国发动潜艇战。2 月 18 日，潜艇战在不列颠群岛附近水域开始，设得兰群岛北侧、荷兰附近，以及北海东部水域被豁免。作战后来延伸到波罗的海（4 月）和地中海（6 月）。"卢西塔尼亚号"（5 月 7 日）以及"阿拉伯号"（8 月 19 日）在爱尔兰附近被击沉，这引发了美国的强烈抗议，德国人最终于 1915 年 9 月 18 日结束了不列颠群岛附近水域的战役。BA-MA, RM 2/1981 Kais. Marine Kabinett. Krieg 1914/15, Vol. 1, p.230。另见 Herwig, "*Luxury*" *Fleet*, pp.163-164。提尔皮茨海军上将在 1918 年 2 月 8 日致艾森哈特—罗斯将军（von Eisenhardt-Rothe）的一封信中最清楚地表明了他在保留弗兰德斯一事上的立场：BA-MA, Nachlass Tirpitz, N 253, Vol.283。关于弗兰德斯，另见 Hans W.Gatzke, *Germany's Drive to the West：A Study of Germany's War Aims During the First World War*（Baltimore, 1950），以及 Fritz Fischer, *Germany's Aims in the First World War*（New York, 1967）。

仅仅是因为它自身,还因为相对于荷兰海岸,它距离多佛—加来海峡更近。如果我们能占领加来那一侧的弗兰德斯海岸,我们就能在多佛—加来海峡的另一侧(西侧)进行潜艇战和贸易袭击战,威胁英国的南方海岸与驶往那里的贸易。我们还能关闭英国贸易的最后一个口子——唐斯。就用作贸易袭击战的基地而言,战前低地国家的每一段海岸——属于荷兰或比利时、法国——对我们来说都是有价值的,然而今天荷兰海岸的作用仅在于连接德国—弗兰德斯海岸与赫尔戈兰湾。

占据弗兰德斯海岸以对我们有利的方式彻底改变了海上关系与贸易封锁,任何关于夺取并永久占据弗兰德斯的进一步论辩都不再必要了。

因此,尽管并非不可或缺,荷兰海岸是对我方贸易袭击战基地的有益延伸——只要弗兰德斯的阵地在军事上安然无虞并和祖国连在一起。

2. 贸易航线

由于英国用水雷封锁了多佛—加来海峡,和平时期经过荷兰海岸的海上贸易流如今被切断了。如果我们占领了荷兰,整个英荷贸易就将停止。由于切断通过不列颠群岛的所有联系是这场战争的一项重要目标,从战争总体进行的角度来看,我们就必须高度重视对荷兰的占领。一旦荷兰控制在我们手中,一大块海上贸易就不会再经过那里。然而,我们将无法使用我方海军部队在那里获取其他重要的海上控制权。

3. 作为侧翼位置的荷兰

为了评估荷兰作为侧翼位置的价值,我们必须借助地图。弗利辛恩——是我们首先必须要考虑的荷兰港口——到特塞尔岛的距离只比英国沃什湾到特塞尔岛的距离略短。因此,从弗利辛恩派出的海军部队会招致被敌方优势海军部队切断的危险。呈收缩性的荷兰海岸与最近的部分英国海岸和泰晤士河的多条河口形成了某种隘道;在荷兰海岸的南端,斯凯尔特河流入北海。所有从斯凯尔特河北上的海军部队,在他们能与北海的后方部队建立起交通线之前,整个外出和返回途中都会受到泰晤士河的夹击和威胁。弗利辛恩相对于泰晤士河的位置,和赫尔戈兰湾相对于整个英国作战基地的位置极为相似,只是规模较小而已。

由于我们并不处在一个能使我方部队取道运河往返于玉河和斯凯尔特河之间,只能通过这条隘道抵达弗利辛恩的位置上,我们就会禁不住分开我方部队,却无法随时再将它们集合起来。然而,能促使我们分兵的侧翼位置价值有限。如果我们只将老旧舰艇——例如第四分舰队①——而非精兵驻扎在弗利辛恩,这些弱旅就会因为缺少速度而极为无力,而且几乎没有行动自由,如此一来它们就成了危险因素,将老旧部队转移到弗利辛恩对我们帮助不大。弗利辛恩的另一个缺点是,一旦它转移到我们手中,泰晤士河和这片荷兰海岸之间的水域很快就会出现水雷战,这是因为二者距离太近,旗舰无法在这片区域行动。我们无法忽视的危险是,敌方能直接将我方部队封锁在那里,而我们却无法对泰晤士河的敌方部队采取同样的措施。泰晤士河极难封锁,有着众多通向开放海洋、北方和南方的出口,因为它的航运通道是横跨在沙洲之上的。最后,飞行器能相对容易地监视和骚扰荷兰海岸。因此,由于位于隘道中,荷兰海岸的价值相对较低。的确,荷兰的海港有时能充当海军部队的庇护所,但就作为旗舰进攻性行动的基地而言,斯凯尔特河的位置是不利的。占有斯凯尔特河的唯一价值在于,我们能将其用作我方旗舰基地(在我们实际上不会这么做的时候),进而威胁英国。我们能否借助这种威胁实质性地分开英方海军部队尚有疑问。

---

① 第四分舰队由老式旗舰"维特巴哈号""韦廷号""梅克伦堡号""施瓦本号""布伦瑞克号""阿尔萨斯号""扎林根号"组成。"维特巴哈"级建于1899—1904年间,最大速度为17节或18节,"布伦瑞克"级建于1901—1906年间,最大速度为18节。通常的巡航速度为10—16节。这些舰艇于1916年解散。Erich Groener, *Die deutschen Kriegsschiffe*, I(Munich, 1966), pp.72-74.

4.情报机构

对我们来说,控制向英国和海外发送信号的海底电缆和电报站具有不可估量的价值。我方领导层怎么强调阻挠情报通信的价值都不为过。

5.结　论

总之,因为我们占有了弗兰德斯,现在荷兰海岸的重要性就是很低的。对贸易袭击战而言,荷兰的价值在于,作为弗兰德斯和埃姆斯河之间的纽带,它能扩大我方作战基地。一方面,如果不打算发起全面贸易禁运——此处不讨论这种行动的巨大价值,这已超出了本书的范围——那么,为我方战列舰分舰队计,我方军事领导层就不用再考虑占据荷兰海岸,以及对荷兰进行军事占领的事了。[①] 另一方面,我们不能放弃对情报机构的控制。能否通过外交强迫荷兰彻底沉默是个无法回答的问题。

B. 丹麦及带峡

我方右翼由丹麦及带峡,尤其是大带峡构成。讨论关于带峡不受阻碍的通行问题之前,我们必须想一想,如果取消了对带峡的封锁,我们会丧失些什么。

(1)首先,我们将放弃谢尔斯诺和阿森斯的保护性屏障。如果英国试图强攻大带峡,屏障上因此留下的缺口能很容易补上。鉴于此,就不会有什么损失。

(2)我们还将丧失下面这种可能性:丹麦将竭尽所能地抵抗英国对大带峡的入侵。这种情况下很难高估丹麦海军,我们也必须想一想,丹麦的抵抗是否真的对我们有用。对我们来说,没什么比英国无视其战争目标,试图

---

① 德国人针对荷兰的应急计划(Case K)存于 BA-MA,RM 47/55 Hochseeflotte.Fall J.u. K。另见 Carl-Axel Gemzell, *Organization, Conflict, and Innovation: A Study of German Naval Strategic Planning*, 1888-1940(Lund, 1973), p.162。

侵入波罗的海更好的事了。① 我们不可能有比这更有利和合适的战斗环境了。因此,如果丹麦拒绝保护带峡,我们不仅丝毫无损,还会有所收获。

1. 丹麦作为侧翼位置的价值

一旦我们能掌握大带峡自由和完全的通行权,英国就会觉得受到了卡特加特和斯卡格拉克的威胁,并被迫以某种方式在这条水路上巡逻。就此而言,应记住我方的战略兵棋推演,其中无论谁是黄方(敌方)领袖,都会感到有必要为斯卡恩创立一支舰队。② 因此,仅仅因为我们有可能从带峡出击,我们就对英国造成了威胁。因此,无论是向我方赫尔戈兰湾挺进,还是向卡特加特挺进,英国都会被迫派出侦察部队保护侧翼,以使其免受威胁。由于我们不会被迫分兵,而这种要求必会迫使敌人分兵,它对我们来说就更有价值。在我们方便的时候,我们可以根据更为有利的情况,将我方整支舰队从赫尔戈兰湾转移到斯卡格拉克,或者相反。敌人越是不清楚我方舰队的位置,这种行动对其产生的影响就越大。

2. 获取贸易航线

有了大带峡的自由通行权,我们就将控制一条海上航道。我们能够控制通过斯卡格拉克和卡特加特的松德海峡和带峡,从丹麦、瑞典和挪威海港西出的全部贸易。事实上,对英国而言,我们此处进行的并非临时的、数小时长的扰乱,我们运用的可能是长久的控制权。因此我们就得到了运用某种海上控制权的机会,而这毕竟是每场海战的最终目标。

---

① 第一海务大臣约翰·费舍尔海军上将(John Fisher)1914 年复活了"1761 致命打击"的想法,当时俄国陆军部队沿着波美拉尼亚海岸进行了登陆。英国在波罗的海区域登陆的计划于 1915 年 1 月 25 日正式呈递内阁,但被拒绝了。为了这个计划,费舍尔甚至建造了浅水炮舰"勇气号""光荣号",以及"愤怒号"。见 Marder, *Dreadnought to Scapa Flow*, II, pp.191–196。

② 关于德国的斯卡恩海军计划,见 Ivo N. Lambi, *The Navy and German Power Politics*, 1862–1914(Boston, 1984), pp.224、319、345、391、393。

3. 争夺海上控制权

因为我们将运用某种程度的海上控制权,就将堵住英国的路,并使其遭遇是让我们占有这种海上控制权,还是为此与我们战斗的问题。我们无法得知英国会如何决策,然而,无论如何,与我们目前在赫尔戈兰湾的处境相比,这种形势的巨大优势是显而易见的。被限制在赫尔戈兰湾,德国舰队就将对于海上航道的控制权让给了英国一方,我们什么也控制不了。英国舰队妨碍了我方海上控制权,在最不利的条件下战斗。我们也必须前进到苏格兰海岸,我们将变成进攻者。而没有充分手段的进攻总是充满了危险。①

然而,我们在斯卡格拉克拥有某种程度的海上控制权,因此为海上控制权而战的前提条件是存在的。我们阻碍了英国人,因此,他们必须进攻。如果他们想剥夺我们的这种海上控制权,他们就必须到我们这来,战斗将发生在我方水域中,在战略和战术上(一如演习中证明的那样)都对我方有利的条件下进行。我们试图从赫尔戈兰湾获取这些优势,却徒劳无获。

斯卡格拉克和卡特加特的位置不会遭到夹击,因此遭遇有违我方意愿决战的危险就降低了,有良好空中侦察的时候尤其如此。当然,这种危险无法彻底消除。

如果英国人放弃这种战斗,他们就会赋予我们一定程度的海上控制权,给予我们对中立方施加压力的手段,我们将因此获得威望,而他们则将失去相应威望。斯卡格拉克和卡特加特的侧翼位置完全是进攻性的:进攻性极强,以至于相比之下赫尔戈兰湾将变成一处侧翼位置。在这场斗争中,我们

---

① 魏格纳此处效仿了马汉,后者曾声称"只有极其小心,又交了好运碰上敌人分部才能将劣势的舰队'用于进攻'"。即便是局部胜利,也会"因为交战舰只一时的无能而招致相当的风险。"见 A.T.Mahan, *The Influence of Sea Power upon History*, 1660–1783(New York, 1957), p.472。

越是能引诱敌人深入波罗的海,对侧翼位置的赫尔戈兰湾的威胁就越大。

4. 军事占领丹麦

大带峡海上航道的开放将给我们带来这些优势,而且我们不必占领日德兰和丹麦诸岛就能获得这些优势。但我们必须考虑的问题是,军事占领丹麦是否无论如何都会给我们带来决定性优势,因而应予以考虑。①

这种占领代表的是对这种位置的必要军事扩张。在我们知道的所有海湾建立加煤站和补给站价值巨大,考虑到我方鱼雷艇在较短的巡航半径时尤其如此。② 我方重型单位也需要一处能抵御潜艇、相对安全的基地。我们可以建造这种基地是毫无疑问的,没有这个基地,要在斯卡格拉克进行有效的行动就是难以想象的。在日德兰北端建立飞艇基地对我方侦察机构极富价值,沿岸存在信号站并组织起飞机基地也很重要。通过占领丹麦,我们还能查封英国情报机构,外交渠道是无法彻底关停这些机构的。我们占领丹麦之后,转口贸易就会自动停止。评估停止这种转口贸易将对我们的总体战争行动造成何种损害并非本书目的所在。同样,我们也不用判断我们对丹麦的要求是否,以及会以何种方式影响与这些北方王国的团结,它们和

① 1916 年 8—10 月期间,在罗马尼亚加入反对德国的战争时,德国海军严肃地考虑了针对丹麦的作战计划,1917 年 5 月正式采纳了 J 方案。BA-MA,RM 47/55 Hochseeflotte,Fall J.u.K.;RM 47/56 Hochseeflotte.Fall J.在 1916 年 12 月 30 日写给提尔皮茨海军上将和埃里希·鲁登道夫将军(Erich Ludendorff)的信中,舰队作战处的特罗塔上校(Adolf von Trotha)阐明了占领比利时、荷兰、丹麦和北欧诸王国的需要。BA-MA,Nachlass Tirpitz,N 253,Vols.64 and 178。1917 年 4 月 31 日,皇帝之弟、波罗的海战场海军指挥官、海军上将亨利亲王在一份"绝密"的备忘录中声称,为了控制北欧诸王国,德国需要占领卡特加特和斯卡格拉克,"这是我方海上控制权和权力政治的要点之一。"他解释道:"弗兰德斯应在且将在西侧为我们带来的东西,J 方案和 N 方案(挪威)将在北侧带给我们——它构成了必要的行动空间,以及我们未来保持通向世界大洋之出口开放的可能性。"BA-MA RM 47/59,60 Hochseeflotte.Norwegen。

② 建于 1911—1913 年间的一系列大型鱼雷艇 S13-24 能以 17 节的速度巡航 1050 海里,以 29 节的速度巡航 600 海里。建于 1911—1914 年间的较小的系列 S 58-65 能以 12 节的速度巡航 1580 海里,以 18 节的速度巡航 470 海里。见 Groener,*Die Deutschen Kriegsschiffe*,I,pp.217、239。

英国都有兴趣关闭带峡。此外,何时重新主张我方曾在环境压力下牺牲的带峡自由通行权,仍取决于我方总体形势和我方实力。军事决定的只是一项议题的军事价值和军事必要性。[①]

5.丹麦的善意中立

如果考虑到占领丹麦将给我们带来的一切优势,丹麦的中立就显得非常特别。关闭带峡对我们毫无益处,只对丹麦有好处,因为丹麦诸岛的所有贸易——尤其是哥本哈根和部分瑞典海岸——都位于该屏障北侧,不受我方控制。英国人获得好处也不少。某种程度上,英国人不用付出任何代价就在此处占有了一条贸易航线和一些海上控制权,因为他们不用为此部署哪怕一条船。此处英国和丹麦的利益是一致的,我们需要问的是:英国外交在多大程度上推动了这种安排? 用军事术语来讲就是,现在的形势是英国已将它的封锁线推进到了带峡的南部出口,也就是基尔的门口。在评估这一事实时,你就能很清楚地看到,我们对英国强攻带峡的希望是建立在多么薄弱的基础之上。既然它的封锁线已经推进到了如此远的地方,从波罗的海出来的大部分贸易能继续不受阻碍地在这条封锁线背后流动,打开带峡又能使英国获得些什么呢? 带峡的开放意味的仅仅是英国封锁的分裂而已。

此处另一个问题也就浮出水面了,那就是只对敌人有利的中立是否还能被视为中立。和美国在持续的中立借口下向协约国输送军备一样,丹麦的中立有违中立精神。

同样必须说明的是,在大国之间的生存斗争中,一个小国无权为了支持另一方而抵销一支受过多年艰苦训练的舰队的力量,或迫使那支舰队采取有害的行动——就像在仅仅有不充分的手段的前提下,便从赫尔戈兰湾发

---

① 见 Clausewitz, *On War*, p.87。"政治目的是目标,战争是获取这个目标的手段,绝不能离开目标考虑手段。"

起的进攻一样。

6. 结　论

如果我们总结一下这篇文章的结果,我们就会看到,我们能大幅度地改善我方处境。荷兰的侧翼位置价值甚微,因为斯凯尔特河的位置比赫尔戈兰湾还要不利。相比之下,海战的一切原则都将我们引向卡特加特和斯卡格拉克,它们的价值如此巨大,以至于一旦在这一侧翼位置建立起基地,它就可能变成主战场。斯卡格拉克和卡特加特占有的带峡和水域对海军的重要性类似于比利时对陆军的重要性。有了带峡的自由通行权,我们就得到了运用海上控制权的机会,通过为这些控制权而战,我们就会在不利的条件下获得优势,而不用将我们暴露于遭遇有违我方意愿之决战的处境中。我们可以躲开作为一支存在舰队时所面临的艰难处境,有效地运用我方舰队。

我们无法得知全体军事和政治领导层何时会使这个战场的开放成为可能,但我们确实知道,存在着一条在时机成熟时我们就可以成功遵循的道路。这会让我们的等待过程更轻松一些。

魏格纳

附录 B：3.海军基地政策与舰队[①]

1915 年 8 月

下文的目的在于整合贯穿前两篇研究我方战略形势的文章的主旨，并从中得出结论。

I. 地理基础与舰队

A. 保护贸易

保护贸易是我方舰队任务之一。

海上国际贸易以及这种贸易的生命线源出于大西洋。海上航道汇聚于英国西海岸，必须经过英国西海岸才能通向我们这边。

这会产生两大后果：

1.英国相对于欧洲海岸的位置——尤其是德国海岸——近似于赫尔戈兰岛相对于赫尔戈兰湾的位置，即英国仅凭自身地理位置便能封锁我们。[②]

---

① 勒维佐夫注："不同意该文所述。"

② 魏格纳此处的语言和马汉极为相似，后者在 *Retrospect & Prospect：Studies in International Relations Naval and Political*（Port Washington，New York，1902）第 166 页写道："事实上，大不列颠……相对于德国的位置就像爱尔兰相对于大不列颠的位置，位于通向大西洋的两条航线的侧面。"

因此,在和我们进行的每场战争中,它都能切断通向我方港口的海上航道,封锁我方贸易,即便是一支强大的德国舰队也无法阻止它。仅凭这支舰队的力量无法克服我方地理位置上的缺陷。

2.只要位于不列颠诸岛上的这个国家拥有一支重要且未被击败的舰队,我方海军保护我方贸易的任务就是无解的。我们至少要封锁英国的贸易并进行相对应的报复,虽然目前还无法完成这一点,但必须将其设定为我们未来的目标。

我们目前被封锁在了北海,就像被关在笼子里一样,英国的舰队守卫着出口。在这种情况下,我方舰队对英国是无害的:英国只将其视为未来的威胁。

因此,两样东西妨碍了我们:英国相对于国际海上航道的地理位置,以及英国舰队的优势。

B.结 论

如果我们像此前研究所描绘的那样设想一下我方地理形势与我方舰队的角色,我们就会得出结论,我们事实上建造了一支强大的舰队,至少足以对英方海上控制权造成真实威胁。然而,我们也看到,我方地理位置,无论是在北海的位置,还是相对于大西洋海上航道的地理位置,都使我们无法对成功利用我方舰队进攻性打击能力抱有任何期待。我们没有考虑我方舰艇必将借以行动的地理条件就建造了一支舰队,与此同时,我们未能像扩张舰队那样扩张我方基地。

一如"风险舰队"的概念所假定的那样,造成这种局面的原因是我们用纯粹的军事思维来设想海战:我们仅仅是为了海战而海战。我们建造的是一支公海舰队,能为海上控制权而战,然而,它仍明显弱于英方舰队,它所仰仗的地理基础只能支撑一支岸防舰队。从这种角度来看,丘吉尔关于德国

"奢侈的舰队"的宣告是有道理的。① 如今,这支舰队是"一名没有坐骑的骑手"。尽管意识到这一点令人厌恶,但我们必须牢固且清楚地记住这个事实,这样就能明明白白地看到我方能力的限度,现实地为未来谋划。

II. 削弱英国舰队

A. 使力量对等

我方战争开始时的目标是以近距离封锁、削弱敌军,发动海上袭击战以取得双方力量的对等,并在有利于我方的条件下与英国舰队交战。英国的战争方式以及远程封锁已使该计划无法成功。考虑到远程封锁,战争已经表明,无法通过海上袭击战取得力量上的对等。

B. 海军交战的目标

海上的战斗仅是达成目标的手段,而非目标本身。一场海军交战,只有在它对敌人造成的伤害允许我们沿着这条道路一步一步地向运用海上控制权迈进时才是有价值的。这个目标必须明白无误。

很明显,如果我们要用我方舰队的大部分损失来换取胜利,那么海军大战即便取得了胜利,也与我们的目标不相称:战斗之后我们将缺少利用这场胜利并进一步控制海洋的舰队。

由于我们在海上处于劣势,我们就必须像下面这样来设想我们在这场战争中进行海战的目标。

每一次小规模战斗或每一次交战——不包括潜艇战和海上袭击战——

① 海军部第一大臣温斯顿·丘吉尔(Winston S.Churchill)于1912年2月在格拉斯哥做了一次富有挑衅性的演说,他说,尽管对英国来说舰队是必需品,"从某些观点来看,德国海军对他们来说更像是奢侈品。"引于 Marder, *Dreadnought to Scapa Flow*, I, p.277。

都必须取得决定性胜利,否则战斗的目标就流失了。当然,这种小规模战斗或交战必须在有利于我方、不利于敌方发挥优势的战略和战术条件下进行,因为只有在有利的条件下——就人的谋划事先所能决定的而言——才能实现决定性的胜利。这种胜利首先必须用来削弱敌人,其次使我们成为战场的主宰。唯有如此我们才能带回那些我们将在第二次交战中用得上的受伤舰艇。

我们必须在我方行动中保有选择决战时刻的自由。评估每一个特定案例时,除了对"该前提条件是否有助于在战斗中取胜?"的回答外,我们不能被任何其他东西影响。例如,所有对声望的欲望都必须被压制下去。①

C. 苏格兰附近的交战

人们常说我方舰队的训练和力量足以在苏格兰附近搜出敌人——尽管它占据巨大优势——并进行挑战,战斗肯定会发生,而且我们可以对结果满怀信心。人们认为这场交战是特别有利的,敌人将失去威信,就算我们损失了许多舰艇,英国人也不会再拥有世界上最强大的舰队了。这场战斗的心理效果将提升中立海军相对于英国的力量,增加中立者的士气,推动他们反抗英国的海军主导权。

然而,苏格兰附近的交战与战争的目标并不相称。挺进到那里可能导致一场与优势部队进行的决战。这样一场战斗的战略缺陷是——即便我们给鱼雷艇带上了充分的燃料——我们将绝对地投入到这场战斗中去。那里距离我方母港如此遥远,一旦我们抵达那里,即便在不适于我们的条件下我们也必须迎战。此外,英国海岸就在附近,这意味着英国人可以在战后安全地让受伤的舰艇返回港口。但对我们来说,即便取得了胜利,当我们带着受

①　关于德国海军军官团大部对"声望"之战的欲望,见 Herwig, "*Luxury" Fleet*, pp.158-161。

伤舰艇开始艰难返程时,我们实际上必须将战场留给英国人。

在这一案例中,能使我们开始通向运用海上控制权这一目标的战斗条件并不存在。相反,苏格兰附近的交战恰恰会造成我们不想看到的结果。

苏格兰附近的一场胜利的海战无疑具有巨大的心理影响,但这种声望上的收益无法抵消我们自身在这场战斗中损失的舰队。我们能够想象得到,我们将为这场胜利付出损失大部分舰队的代价。然而,对我们来说,英国将和交战前一样强大,甚至更强大:我方精良舰艇消失后,英国人的老式部队在打击我们时将会变得非常有效。

赞成这种交战的人宣称,中立者将鼓起勇气并成功地抵抗英国的海上主导权,因为英国将不再拥有世界上最强大的舰队,然而,这种观点是无效的。俄国、法国和意大利的舰队不会介入,因为他们也是我们的对手,而且这些国家战后将会十分虚弱,他们的海军因而没有联盟的价值。只有美国和日本的海军尚存。[1] 战后,这两家将会根据我方舰队的力量,来评估我们作为反对英国的海上盟友所具有的价值。如果德国仍然具有一支强大的舰队,它就会将多于我方数量的英国部队钳制在本土,如果他们决定站在我们一边,这就会减轻日军和美军的负担。然而,如果我们的舰队消失了,对英国本土部队的钳制就会立即停止,交战后保存下来的整支英国舰队将不受干扰地专门对付美国人和日本人。

这两个国家可能会彻底改变对我们的看法和感受,只考虑德国舰队的战备程度,而不是多少受到一些损失的英国舰队。

对我们的国内政治来说,苏格兰附近的交战也不是必要的。我们海军

---

① 魏格纳关于日本是否会成为潜在盟友的困惑源于德国在 1914 年的官方立场:尽管德意志帝国和日本 8 月 23 日断绝了外交关系,日本也于 9 月 5 日宣战,德国事实上将其胶州殖民地"交给了"中国,并拒绝接受与日本开战的事实。见 *Schulthess' Europäischer Geschichtskalender.Neue Folge*,30(Munich,1917) ,pp.xiv、xv。

政策的反对者将会为了他们的目的而利用这场战斗,抱怨说德国人民白白建造了一支舰队,因为这场战斗将一无所获。我们对这种肤浅且错误的观点毫无兴趣。德意志帝国需要海上力量,因此就需要舰队。目前的战争毫无争议地证明了,我们所缺少的只是地理基础。

D. 地理前提

我们想要削弱英国舰队,但又不必在不利条件下与优势部队进行决战,"局部胜利"一词因此而生。前面的文章表明,从赫尔戈兰湾系统性地寻求局部胜利无法达成我方目标,因为赫尔戈兰湾位于北海死角的中央。

英国人不会靠近我们,因为他们不需要这么做。

赫尔戈兰湾提供的只有偶然遭遇的可能性,但它的中央位置却会妨碍我们利用这样的机会。

对我方处境的进一步检视要求我们改善我方在北海的地理位置,如果我们希望有效部署舰队的话。

解决方案就是打开带峡,你越是感到我方在赫尔戈兰湾的处境没有希望,这就越紧迫。

E. 我方舰队活动的目标

我方舰队行动眼下的目标就是继续扮演存在舰队的角色,在赫尔戈兰湾—斯卡格拉克以及临界的水域行动,如果敌人跑到我方势力范围内,就迫使它在对我方有利的条件下战斗。我们也必须处在能避免在不利时机下交战的位置上。当然,我方行动的程度和持久性暂时都是有限的。希望部署更快的鱼雷艇小舰队和更多的新型大飞艇能带来改变。

只有大范围的侦察(大概只能使用飞艇)才是让指挥官保持战斗状态的选项。他的舰队在地理上越是安全,胜利的可能性就越高。

巡航于北海却不进行侦察——盲目的——是很危险的,会让人丧失接受还是拒绝交战的自由选择权。必须记住下面这句话:"即便程度有限,完全的胜利要好于根本不进行战斗,但不进行战斗要好于进行有违自己意愿的战斗。"

历史上,鲁伊特尔(Michael de Ruyter)在英荷战争中的行动就是这方面的案例。① 这位荷兰海军将领在本土海岸的沙洲保证了己方位置的安全,并等到了有利的时机。即便这个案例和所有案例一样无法令人满意,它也表明在这种环境中,耐心和明智实现了人们期待的目标。

然而,舰队眼下的目标仍旧远非争夺全球海上控制权,而只是为了夺取前提条件。

骑手仍旧没有坐骑,只要情况仍旧如此,他就只能被当成战壕中的步兵来使用。②

III. 我方地理位置的变动

A.斯卡格拉克的位置及其与全球海上控制权的关系

先前的文章已经表明,带峡的自由通行权以及斯卡格拉克的位置对加强我方本土位置极端重要,它们为我方创造的并不是一个支点,而是一个拥有侧翼位置的基地,并赋予我方某种程度(尽管有限)的海上控制权。然

---

① 关于鲁伊特尔(Michael de Ruyter)在英荷战争中行动的简短回顾,可见 Paul M Kennedy,*The Rise and Fall of British Naval Mastery*(New York,1976),pp.59-62。另见 C.R.Boxer, *The Anglo-Dutch Wars of the 17th Century*,1652-1674(London,1974),以及 P.G.Rogers,*The Dutch in the Medway*(London,1970)。

② 魏格纳再次回到了马汉的要求,即进攻的一方需要具有三分之一的数量优势,必须建立一支"规模和质量上都足够进行预期行动的舰队"。马汉曾言,力量上处于劣势的舰队, "只有在极其小心,交上碰到敌人分部的好运时才能用于进攻。"见 Mahan,*The Influence of Sea Power*,pp.460、472。

而,沿着这种思路进行的思考关心的是这一位置对在北海作战所具有的价值。之前只讨论了这一位置在局部地区所具有的价值,还未讨论它与我方在争夺全球海上控制权中所处战略位置的关系。①

这个问题很重要,从全球和局部角度来看都很重要。一旦我们夺取斯卡格拉克,英国在那里的贸易和海上控制权就会变得无关紧要,对英国来说,这条海上航道就不再重要了,这是很明显的。然而,一如此前所表明的,因为我们能从英国人那里夺取一部分海上控制权,英国人可能因此跑到我方海岸这边来。

如果看一眼地图,我们就会看到,就与争夺全球海上控制权的关系而言,斯卡格拉克的重要性远远超出了它在局部地区上的重要性以及它作为海上航道的价值。斯卡格拉克和苏格兰处于同一纬度,形成了通向大西洋的门户。我们可以从斯卡格拉克打破英国的北海屏障,打开通向大西洋的大门,英国必定会感到这种可能性对其造成了极大的军事威胁。从地理上来看,它会看到自己可能被这一位置出来的部队实施战略包抄,并被来自北方的部队包围。它立即就会意识到,这个位置是我方前往法罗群岛的跳板。

就算控制这条海上航道本身并不十分重要,斯卡格拉克的位置所具有的这种广泛的、战略上的重要性也会赋予它巨大价值,足以刺激英国人战斗。

---

① 1914 年 8 月 8 日,德国海军就可以报告称丹麦和德国在关闭带峡的问题上达成了一致。BA-MA RM 2/1984 Kais. Marine Kabinett. Krieg 1914/15. Diplomatische Verhandlungen mit Schweden,Dänemark u.Holland:Admiral von Pohl to Admiral von Ingenohl(High Sea Fleet) ,8 August 1914。波尔海军上将(Admiral von Pohl)1914 年 10 月告知海军内阁,重新开放带峡在政治上是不可行的;此外,波尔也将军事上的可行性排除在外,理由是"我方轻型部队的加煤能力小,缺少带峡北侧的作战基地。"他得出结论,就用作对抗英国阵地的"进攻之门"而言,斯卡格拉克并不理想。BA-MA,RM 2/1981 Kais.Marine Kabinett.Krieg 1914/15,Vol.1 :Pohl to Admiral von Müller,6 October 1914。

B. 法罗群岛①

一切能让敌人烦恼的东西都是好的。该意识应足以让我们注意到法罗群岛,调查一下占有法罗群岛的好处,我们就能确认英国必定会从这种占领中看到的危险。

1.法罗群岛是丹麦人的,我们可以通过谈判,或许通过在石勒苏益格—荷尔斯泰因区的让步进入或获取该群岛,哪怕是在战后。

2.法罗群岛具有众多能够抵御炮火的基地,都足够一支大舰队使用了。如果在那里建立起一处基地,就算是一支数量上居于劣势的舰队,也能利用那里众多的出口和入口冒险一搏,并有希望成功。以法罗群岛为基地的一支较为弱小的舰队,能在海岸附近战斗,随意选择接受交战还是拒绝交战,就像在本土基地附近一样。

3.法罗群岛位于墨西哥湾流之中,无冰。

4.法罗群岛周边不远就是广大的深渊,几乎没有进行水雷战的机会。

5.法罗群岛位于大西洋之中,设得兰群岛以西,对通向英国的海上大道形成夹击态势。因此,上帝首次为我们创造了一处我方舰队可以借以争夺

---

① 海军参谋本部长官海宁·冯·赫尔岑多夫海军上将(Henning von Holtzendorff)在1916年11月26日告诉西奥博尔德·霍尔维格总理(Theobald von Bethmann Hollweg),尽管法罗群岛是"反对英国极有价值的武器",夺取它们的可能性很低。1916年12月19日,赫尔岑多夫海军上将告诉海军办公室新任国务大臣卡佩勒海军上将(Edward von Capelle),法罗群岛是德国"本土与海外之间的桥梁","和弗兰德斯海岸互为补充。"占有法罗群岛将"让整个北海转变成德国的作战基地","并为我们打开通向大洋的自由通道。"他认为,可以"通过交换或从丹麦那里购买"来获取。"英国的地理位置主导了世界上的大洋",而法罗群岛,"和比利时海岸以及亚速尔群岛一起,构成了这个地理位置上的第一道缺口。"BA-MA, RM 2/1983 Kais.Marine Kabinett. Allgemeine Erwägungen, Vol.3, pp.202–209、211–218。威廉二世、卡佩勒海军上将,以及保罗·兴登堡(Paul von Hindenburg)和鲁登道夫将军完全赞同。BA-MA, F 3580/PG 68124, Vol.3;Memorandum of 20 December 1916。另见 Gemzell, *Organization, Conflict, and Innovation*, pp.219–220。

海上控制权的地理位置。

C. 另外的基地

即便占领法罗群岛大幅推进了我方阵地,对于正在与英国交战以获取全球权力的德国舰队而言,这一个基地还是不够的。我们必须在大西洋拥有一个或两个海港。因此,可以考虑一下法国海岸上的布雷斯特(或者是瑟堡),和法国进行的这场战争可以决定它的所有权。此外,葡萄牙的大西洋群岛(亚速尔和佛得角群岛)适合用作控制通向南美海上航道的大西洋基地。① 鉴于我们今天所拥有的实力,一支能够仰仗这类基地的舰队可以威胁英国。丘吉尔的奢侈舰队将变成一件强有力的武器。

D. 政治困难

很明显,刚才描述的这种海军基地政策,会遭到英国和所有涉事强国的反对。不管这种反对如何,也不管能不能很快获取这些基地,必须阐明这些目标,因为它们与战争相关,因为这场战争的了结,以及国家和区域的重新分配将提供向我方目标迈进的机会。这些观察就算在战时也是有益的,因为今天没人知道这场战争可能带来怎样的政治意外。今天没人能知道,如果被英国的海上高压政策进一步挤压,北欧诸王国会如何反应。没人可以肯定,这场战争中我方舰队就不会停泊在北欧的峡湾中,例如,充当挪威的

---

① 海军参谋本部战争后期至少两次提出了这样的战争目标:Admiralty Staff to Wilhelm II, 18 May 1917, BA-MA, F 7613, Nachlass Vanselow;以及赫尔岑多夫 1918 年 2 月 14 日给威廉二世做的演示,BA-MA, F 2022/PG 65984 Admiralstab der Marine. Immediatvorträge, Vol. 31, pp.62-63。1916 年 11 月和 12 月还有两个类似的备忘录,见 Fritz Fischer, *Griffnach der Welt-macht:Die Kriegszielpolitik des Kaiserlichen Deutschland* 1914/18(Düsseldorf, 1961), pp.791-798。

保护者。① 由于我们不知道会出现什么情况,详细阐明未来的想法也就变得很重要,这样我们就能有所准备,清楚了解并准备好用于海军基地建设的资源。一旦这样的机会出现,我们就绝不能错过。

E. 结 论

即便前面陈述的许多内容实际上是未来主义的梦想,超越了我方舰队当前的行动,这种讨论还是有价值的。只有通过讨论这些或许并不那么遥远的伟大目标,我们才能有系统地谋划我方舰队的行动。只有假设性的想法才能清楚揭示,为了声望或者"风险"理论而牺牲我方舰队是无法使我们向目标迈进的:只有克制以及有利条件下的坚强行动才能促进我们的事业。个别的行动以及它们的行动范围,在任何情况下都仍然依赖于我们身处的地理环境,以及我们所拥有的侦察力量。

记住了这样的目标和任务,军官团的视野就不会局限于北海,就算在等待时机的时候,我们也不会忘记这个伟大的目标。德国的舰队还存在,我们必须扶其上马,它会知晓如何骑乘。

---

① 关于德国的挪威应急计划(N 方案),见 BA-MA,RM 47/59,60 Hochseeflotte.Norwegen. 另见 Gemzell,*Organization*,*Conflict*,*and Innovation*,pp.224-226、244-245。

附录 C：对我方兵棋推演和战争研究的思考

威廉港，1925 年 9 月 28 日

尊敬的汉斯·泽克海军上将(Hans Zenker)：

我恭敬地向阁下送去一篇关于我方兵棋推演的短文。由于海军炮兵督查的身份使我无法正式向您呈送这篇文章，请允许我使用这种半官方的方式，希望我在狭小职务范围之外的一般海军事务上的看法和阁下一致。

此文源于和高级军官进行的战略和海军理论讨论，在此期间我总是对他们高度相似和顽固的观点感到惊讶。

对阁下而言，此文并非所有内容都是新鲜事物，但我仍然希望该文整合起来的方式以及它的结论能使阁下产生兴趣。

> 阁下恭顺的仆人
>
> （签名）
>
> 魏格纳

我方在世界大战前进行的兵棋推演和演习考虑到了与英国进行的战争，我们目前的调查目标是法波战争，研究的是保持我方海上补给航线向补

给陆军开放的需要,否则,陆军无法进行战争。

尽管战前和战后的任务有所不同,就我们试图以纯战术方式解决海军的问题而言,它们在方法和概念上是完全一致的。

I. 战略的定义

为了证明我们的思维是纯战术性的说法,我们首先要阐明,战略对我们而言意味着什么。

首先,请看一个案例:

在里海部署一支战列舰队明显是件荒唐的事。这支舰队可以在那里尽情战斗并取得胜利,但所有这些胜利都是无效的,什么也无法获取。里海的战列舰队——尽管可能和你想要的一样强大——并不构成海权。

海权和海军战争需要两样东西:

1.战术性的舰队。

2.战略性的地理位置,这支舰队能凭借这一地理位置控制海上航道并因而运用海上控制权。

因此,战略是有关战略地理位置及其变化与恶化的学说。进攻性战略就是获取一处地理位置,防御性战略就是该位置的恶化。同样的概念也适用于陆上的军队。唯一的区别在于,陆军的战略发生于相对较小的区域中,由于地形多样,存在着多种战略可能。但对海军来说,战略和海岸线的构造紧密相关,由通向海上航道的通道的地理位置所决定,并不存在众多可能性。因此,海军战略延伸于广大的区域,通常会越过大陆,不可能在不放弃其目标的情况下停止在其他国家,或许是中立的国家门前。

II. 我方兵棋推演的概念

1.如果我们从这一战略视角来看待我们的理论研究和兵棋推演,我们就能看到,二十多年来它们无一例外地建基于战略防御之上。紧紧依附于我方海岸的地理构造就是我方战略的原则。因此,我们的演习和兵棋推演尽管可能和训练措施一样有价值,却和战略毫无关联。相反,我方兵棋推演是大规模进行的纯战术性活动,和陆军一样,"作战"一词可能就是它所具有的最大意义了。

2.因此,在我们的战争研究中,我们提出问题的方式是战术性,而非战略性的。在我们的兵棋推演中,我们只研究我们如何在既定战略防御位置上战术性地解决难题。但是,从来都没人想过,这个难题能否以战略防御的方式加以解决。我们不断地在它们实际上已经结束的点上开始我们的调查,即在已经做出了采取战略防御而非战略进攻的立场之后。

相比而言,如果陆军在回答如何与法国作战这样的战略问题时表示,可以通过战壕发起的突击——然而并不同时放弃战壕的战略位置——打败法国,那么他们做的就是和我们一样的事。没有一个将军会视其为战略,他们会坚持认为这是战壕战或运动战的问题,而且只有在决定好这个问题之后才能讨论战术行动的问题。

3.在二十多年的训练之后,我们如此彻底地习惯于战术性思维,丝毫没有意识到,这些战术是依附于战略防御的基础之上的。依附于某个地理位置在战略上是防御性的,防御性意味着纯粹的防守。但从未有人想过这种防守的目标。如果你以1914年前任一建基于战略防御基础之上的兵棋推演为例,要求一名高级海军军官毫不含糊地表明这个兵棋推演所防御的是什么时,你就会令他难堪。

在第一次世界大战中,为何我们从未提出过(更不用说回答过)关于我们在北海实际上保卫的是什么的问题。

4.我们对战略地理的疏忽同样影响了战术。如果战斗的目标从你的意识中消失了,战术性的战斗就成了目标本身,毁灭敌人就是战斗目标的观点就会生根。然而,毁灭敌人只是战斗的战术目标,战斗的目标总是在别处。据克劳塞维茨说,战斗一直都是手段,从来都不是目标,不知道这一点我们就是否定了战争的基本原则。①

5.除了没有清醒的战略地理概念,我方兵棋推演还存在另一个问题,即它们诱使我们得出错误的结论。

黄方(敌方)同样受德国规则指挥是无法避免的。如果少了战略地理的概念,双方都将根据我们自己的规则采取战术性的行动。如此一来这些兵棋推演就无法对海军的战略问题提供任何深刻见解,只能证明如果双方都希望战斗,很快就会有一场战斗——反之,如果交战一方采取规避性行动,战斗就会推迟。关于所采取行动正确性的问题就只会取决于战术领导,但是完成了多大程度战略任务的问题就仍未得到解答。在大多数兵棋推演中,我们不断说服的只有我们自己,确定的只是我们拥有了这种或那种概念,却从来都不是它的有效性。这就是为什么战前的无数兵棋推演从未在海战的重大问题上对我们产生启发,或就如何进行海上战争给予我们一丝暗示。

III. 陆军和海军的合作

陆军的战略和战术在同样的媒介即陆地上进行,混在一起的时候也不会有显著的区别。海上的战略和战术之间却存在着清晰的界限,因为海军战术与海洋有关,但海军战略是关于战略地理的概念,与陆地有关。在战略

---

① Car von Clausewitz, *On War*, eds.Michael Howard and Peter Paret(Princeton,1976),第75页强调:"因此战争就是强迫我方敌人践行我方意愿的行为。"马汉曾说:"进攻的目标必须是他(敌人)在海上的有组织军事力量,简而言之,就是他的海军。"W.D.Puleston, *Mahan*: *The Life and Work of Captain Alfred Thayer Mahan*(New Haven,1939),p.312。提尔皮茨在 *Erinnerungen* (Leipzig,1919)第 112 页写道:"在海战中,毁灭敌人,而非夺取领土,才是唯一的目标。"在其著名的 1894 年 6 月的"九号备忘录"中,提尔皮茨就已经主张"战略进攻是舰队的自然部署。"引于 Wolfgang Petter, "Systemkrise und Marinekonzeption im Wilhelminischen Deutschland," in *Die Deutsche Marine.Historisches Selbstverständnis und Standortbestimmung*(Herford/Bonn,1983),p.42。

的范围中,海军侵占了陆军的领域,此处存在着这两个军种的联系点。在战术的范围中,这两个军种都是独立的。陆地的作战由将军处理,正如海上的作战为海军将领所独掌。但在战略的范围中,陆军和海军必须合作并理解彼此,由于海战的战略地理路径不断与海洋交织,它们的重要性也来自海洋,合作和理解就更重要了。某种地理位置能在对于海战具有决定性意义的同时对陆战毫无价值。

因此,总体战略的决定是陆军和海军的共同关切。如果情况并非如此,如果战略由一方单独决定,另一方就会滑落到从属的地位:它的实力会被浪费,它的力量就无法影响战争。

世界大战期间就发生了这种情况,当时的总体作战计划完全由陆军决定。海军牢牢守在赫尔戈兰湾那片区域,决定采取战略上防御、战术上进攻的作战计划。然而,就在陆军跨过法国的边界时,坚守赫尔戈兰湾的理由由于战略位置的变化而消失了。因为争夺中的战利品是大西洋上的战略位置,这就不再是和陆权法国的斗争。因此海军的防御性作战计划被陆军推翻,转化成了战略进攻的计划。

因此,马恩河战役之后陆军转向俄国的时候,在总体作战计划中海军就要采取战略防御行动,因为俄国并没有需要舰队予以征服的海军战略阵地。战术性讲,海军能随心所欲,但还是保持了战略防御。陆军严格根据陆上的需要调整了总体作战计划,无意识地主导了海军的行为。从来没有人想过海军将赋予它的任务视为战略防御还是进攻。事实上,海军在世界大战中的姿态只能是战略进攻,但这种思路已经超出了此处讨论的范围,就此省略。① 总体作战计划完全由陆军调整,是片面的,将海军置于战略地理防御的境地,它所取消的恰恰是和平时期铸造、用于与英国斗争的工具——舰队。这种取消

---

① 页边注:"魏格纳将军支持德国 1914 年本应在法罗群岛采取的计划。"该评论由海上指挥部(*Marinekommandoamt*)作战参谋处的阿诺·斯宾德勒上校(Arno Spindler)所作。

是决定性的,因为英国是这场世界大战中的主要敌人,它的失败至关重要。

如果我们再看一下法国和波兰在 20 世纪 20 年代与德国进行的战争,我们就会看到,问题并不在于海军如何解决既定的保持海上航道开放的任务。相反,目前的问题是保持海上航道开放是否对总体战争结果具有决定性。如果海外援助并不重要,海上航道就是战场的边缘。由于这只是不重要的从属性任务,就没必要部署超出任务本身相对总体结果价值的军事力量。然而,如果维持海上航道开放对战争结果至关重要,对这个问题的讨论就不再属于海军的范围,对陆军也同等重要。这就变成了一个战略问题,海军的任务就与总体作战相关联了。现在就必须以能够确保战争得到最有利解决的方式来处理这个问题了。

因此,海军的任务是战略防御还是进攻的问题必须由联合军事领导层决定。如果作出的决定倾向于战略进攻,由陆军来获取必要的战略地理阵地就不再仅仅是陆军为海军作出的援助,陆军的行动也符合自身的利益。

时至今日,陆军领导层的思维仍然和此相距甚远,这是因为海军将自身排除在陆军圈子之外。海军将对我方海岸的战略防御视为不可变更的事实,将战争转化成了海军在其中独自决策的纯战术作战领域。[①] 因此我们无意中鼓励了以下观念:海军某种程度上进行的是一场独立的战争,因为海上的事务是在水上发生的,因此是海军专断的范围,与他人,尤其与陆军无关。

IV. 海军参谋本部

海军参谋本部和平时期对海军发展的影响极小,战时对总体军事领导层的影响也极小。通常的解释有:这是因为海军参谋本部在组织上被移出了总体海军指挥结构;没有了组织相关性,参谋本部就被边缘化了;政治和个人动

---

① 斯宾德勒质疑道:"作者如何得知?"

机造成了这种冷遇。① 然而即便这种推理中的一部分可能是准确的,它也没有解释海军参谋本部的角色。海军参谋本部影响微小事实上另有原因:

A.我们在战略上固执地自我肯定,坚持战略防御和赫尔戈兰湾的地理位置,丝毫没有想到其他的东西可能是行得通的。在战略防御的概念中,陆上的战争和海上的战争之间通常存在明确的差别。陆上的战略防御是可以成功展开的。只需要回想一下腓特烈大帝在七年战争中的战略防御,或者拿破仑在莱比锡战斗之前沿着内部交通线进行的战略防御。陆上战争中的防御性战略大多数是运动的,不完全静止。海上的战略防御是僵化的,缺少运动:更像是战壕战,人们在进行战壕战的时候不再谈论战略,只谈战术,但这并不能消除战略防御的现实。因此,可以说在一场依据战略防御进行的海军战争中,战略就停止了,它就不再出现了。

上峰不允许海军参谋本部做任何事情,因此,海军参谋本部就未能在它的独特领域战略中发挥作用,反正战略防御已经是板上钉钉的事了。

B.随着我方海军部队这些年的增长,海军参谋本部对我方战术发展的影响愈发式微,这种影响力落到了主要追求战术的一方,即舰队手中。舰队司令官相对海军参谋本部参谋长不断增长的影响力在和平时期就已经依稀可见,在战时更是导致了众所周知的敌意。② 海军参谋本部的战争史③中

---

① 斯宾德勒注:"在我看来,只有部分适用。"Walther Hubatsch 在 *Der Admiralstab und die Obersten Marinebehörden in Deutchland 1848-1945*(Frankfurt, 1958)第 185 页声称,《凡尔赛条约》要求废除陆军总参谋部,与此配合,海军参谋本部也于 1920 年废除。事实上,海军参谋本部的职能由海军指挥部的"舰队部"(Flottenabteilung)"AII"处接管,受海上指挥部司令领导。

② 关于提尔皮茨对海军参谋本部的消极立场,见 Holger H.Herwig, *The German Naval Officer Corps:A Social and Political History 1890-1918*(Oxford,1973),pp.26-27;关于大战早期依然存在的敌意,见 Herwig,"*Luxury*" *Fleet*:*The Imperial German Navy*,1888-1918(Atlantic Highlands,New Jersey,1987),p.43。

③ 魏格纳事实上指的是海军档案馆在艾伯哈特·冯·曼迪海军中将(Eberhard von Mantey)领导下的集体出版物,尤其是 *Der Krieg zur See 1914-1918.Der Krieg in der Nordsee*,I,ed.Otto Groos(Berlin,1920),pp.10、50、62、126。

表明了舰队战术行动的责任归属问题,其中认为舰队司令(英格诺尔海军上将)不仅对执行被命令的行动负有责任,还对他们自己起草的作战任务,即作战计划(O 计划)负有责任。

海军参谋本部关于主战场和舰队交战的指令总被限制,被迫处理一般性的行政事务,而这通常是出于纯粹的政治动机。海军参谋本部保有控制的是边缘战场、海外巡洋舰作战以及潜艇战等等。

很明显,海军参谋本部的微小影响是因为人们未能认识到,战略才是参谋本部的真正领地。① 如果参谋本部意识到战略进攻是战略防御的对应物,地理战略位置的改变是墨守战略地理位置的对立面,那么参谋本部毫无疑问会意识到什么才是真正的战略。因此,参谋本部会在和平时期从战略的视角看待迫近的世界大战。这样的视角会让人们认识到海军战略进攻的必要,会要求陆军获取陆地上的战略阵地。

如此,从长远来看,不充分的组织或不愿意合作的总参谋部都无法妨碍海军参谋本部对总体战争行动的影响。② 我们将会拥有一个战争指挥参谋部,陆军和海军将会有一个联合战争作战计划。海军参谋本部参谋长将会和陆军最高指挥部司令官处于同等地位,对总体战争方式施加深远影响。人们或许就会认识到许多未被认识到的东西,战争的进程也就可能不一样了。

海军 1918 年之后的新组织反映出海军参谋本部工作的这种微小价值。在新的海军行政机构中,海军参谋本部变成了海军指挥部中的一个机构。然而,可能还是需要考虑一下这种层级是否反映了这个领导机构对海战所具有的重要性。此外,放松前海军参谋本部目前与海军指挥部的联结,将其设置为与其他机构并列的海军参谋处(名字无关紧要),直接受海军总司令

---

① 斯宾德勒注:"?"。
② 斯宾德勒注:"?"。

领导可能更实际。①

下面的理由支持设置独立海军参谋处的想法：

1.海军参谋本部曾为战争做了理论准备,战争爆发时也会根据海军总司令的命令承担起作战控制的责任。因此,和平时期赋予的这部分将在战时承担控制责任的海军指挥机构相对从属的角色实际吗?

2.海军参谋处是海军总司令的专有作战参谋。很明显,如果和平时期就已经存在,该处将在战时运作得更好,不需要进行临时的组织。此外,今天的情形相对而言是不自然的,参谋本部只有通过另一个部门——海军指挥部,才能间接与其上级海军总司令联系,反之亦然。

3.海军要比陆军更加依赖军备。结果,海军无法像陆军那样准备战争——直到最后一刻才采取战争行为。相反,海军必须根据它将要进行的具体战争种类有意识或本能地调整其总体战略——即便海军并没有详细的作战计划。

我们的帝国海军就是这方面的一个突出案例。我们的旧海军变成了北海防御战思想的化身——这个思想不仅主导了我方从舰艇型号到战术的海军建设,还主导了我们的战略考量。然而,我们仍然没有注意到这种防御性思维方式,因而没有感受到我方考量中的漏洞,从未有机会进行战略进攻,从未学会从不同的视角看待事物。

我方观念中全然、华而不实的片面性,以及我方舰队自上而下的发展中存在的片面性都持续存在,这是因为在将近二十年的时间里,提尔皮茨大元帅这样智力超群的人一直都是海军的指引者。②

当然,我完全不知道未来长期任职的指挥官能否导致同样稳定的发展。

----

① 斯宾德勒注："?",见 Werner Rahn, *Reichsmarine und Landesverteidigung 1919-1928. Konzeption und Führung der Marine in der Weimarer Republik*(Munich,1976),p.257。

② 关于提尔皮茨,见 Herwig,"*Luxury*" *Fleet*, pp.33-45;关于更具辩护性的处理,见 Michael Salewski, *Tirpitz.Aufstieg-Macht-Scheitern*(Göttingen,1979)。

因此，在海军指挥链中创立一个能够支撑海军总司令海战观念的机构（与个性无关）是有利的。这个机构必须能排除人事变动的干扰，制定一种能够赋予战略观念某种稳定性的路线。

法国海军就是这方面的特别警示，因为法国人的观念随着人事的变动而变动，像万花筒一样。① 就我方情况而言，海军指挥部内一个低级别且不重要的机构是无法产生稳定性影响的。此外，专注于海岸防御的海军指挥部总会有以纯粹战术视角看待问题的倾向，尤其是在处理训练和战术事务的时候。一个在海军指挥部内处于附属地位的机构是很难抗衡这种思维方式的。

更重要的是，由于我方物资方面的弱点，再考虑到我方战略地理防御的先入之见，对海战的纯战术考量很容易导致单纯的海岸防御。

协约国②希望将我们贬为一个"小"海军。但我们有一切理由反对这种将我们从思想上贬为一支小型岸防海军的要求。

4.最后，海军参谋处必须弥补前海军参谋本部未能认识的事，即与陆军建立联系。③ 陆军自身几乎无法意识到联合战争作战计划的必要性。因此，主动权必定来自我们，彻底说服陆军领导层意识到这种必要性的道路将是漫长而艰难的。很明显，比起由一个相对小型且低级的机构来建立与陆军的联系，如果海军的主要机构被赋予一定程度的权威，这个任务就能更轻松更有效地加以完成。

且不说协同行动的实际需要，我们在海军中的这些人，在纯个人的层面

---

① 关于法国海军，Theodore Ropp, *The Development of a Modern Navy: French Naval Policy 1871-1904*(Annapolis, 1987)仍旧值得参考，另见 A.Reussner and L.Nicolas, *La Puissance navale ans l'histoire*, II(Paris, 1963)；Volkmar Bueb, *Die" Junge Schule" der französischen Marine. Strategie und Politik 1875-1900*(Boppard, 1971)。

② "协约国"此时已不再存在。魏格纳可能用该词泛指英法坚持要求德国遵守 1919 年《凡尔赛条约》的海军条款。

③ 斯宾德勒注："好像这种联系并非已经存在了很多年一样！"

希望不清楚海战必要条件的陆军不要要求我们做一些我们无法做到的事情。与此同时,当任务的失败并非由我方海军部队的行动所致,而是由缺少不可或缺的地理条件——在没有陆军资源和联合作战计划的情况下,舰队是无法获取这种地理条件的——所致时,我们自然不希望人们将这样失败的过错归咎于我们。①

此外,我们有一切理由希望陆军最终能真心实意地打破源自和平时期的成见,摒弃"海军尽管有趣,但却常常是一个过分地要求得到陆军迫切需要的资金、麻烦且奢侈的机构"这一观念。陆军仍然相信,这个国家的福祸归根到底只取决于陆军。我们必须让陆军意识到,陆军和海军仅仅是同一个国家的不同臂膀,恰好在不同的地形上战斗,这个国家只能有一个联合战争作战计划。战争作战计划是否应首先根据陆军或海军的需求加以调整——国家是否更喜欢以陆军或海军作战——是一个无法在军种政治或猜忌的基础上加以解决的问题。只有敌人或军事形势能解决这个问题。②

当这个国家理解了这些内容后,无论花多长时间都必然会出现一个联合战争指挥参谋部,海军参谋处将在这个机构中代表海军。海军总司令将和陆军总司令具有同等的地位。那时,海军总司令无须争斗就能对总体作战方式施加前海军参谋本部参谋长——参谋长和总体战争领导层一直没有明确的组织纽带,只能依赖他的人格力量——从未能施加的影响。

魏格纳

---

① 斯宾德勒注:"不幸的是,由于缺少物资,今天的陆军什么也做不了。"

② 关于陆军海军缺乏协同的情况,见 Friedrich Christian Stahl, "Der Grosse Generalstab, seine Beziehungen zum Admiralstab und seine Gedanken zu den Operationsplänen der Marine," *Wehrkunde*, 12, January 1963, pp.7、10;以及 Holger H. Herwig, "From Tirpitz Plan to Schlieffen Plan: Some Observations on German Military Planning," *The Journal of Strategic Studies*, 9, March 1986, pp.53—63。

参考文献

　　对德国海军史或其他历史的研究自然会涉及语言这个关键问题,除了知晓德语外别无他途,因为在德国出版的许多主要著作还未被、可能永远也不会被译成英文。对德国海军的研究而言,最重要的有阿尔弗雷德·冯·提尔皮茨(Alfred von Tirpitz)的两卷本 *Politische Dokumente* [Political Documents](Stuttgart/Hamburg/Berlin, 1925-1926),以及沃克·博格翰(Volker R.Berghahn)的开创性论著 *Der Tirpitz-Plan. Genesis und Verfall einer innenpolitischen Krisenstrategie unter Wilhelm Ⅱ* [The Tirpitz-Plan.Genesis and Decline of a Domestic Crisis Strategy under Wilhelm II](Düsseldorf,1971)。提尔皮茨的 *Erinnerungen*(Leipzig,1919)则被译成了两卷本的 *My Memoirs*(New York, 1919)。

　　前海军档案馆二战后归还给了西德,人们可以在德国联邦档案馆的军事档案馆中查阅到这些资料,这激发了对提尔皮茨时期的研究,几本英语研究由此面世。乔纳森·施泰因伯格(Jonathan Steinberg)的 *Yesterday's Deterrent:Tirpitz and the Birth of the German Battlefleet*(New York,1965)是对德意志帝国追求“海军主义”(navalism)决策的开拓性研究。到目前为止,卡尔-艾克赛尔·耶穆塞尔(Carl-Axel Gemzell)的 *Organization,Conflict,and Innovation:A Study of German Naval Strategic Planning*,1888-1940(Lund,1973)

仍是唯一一本将威廉二世至阿道夫·希特勒时期的海军战略计划置于更宽广和社会学的背景中进行研究的著作。霍尔格·赫维希(Holger H.Herwig)的 *"Luxury" Fleet: The Imperial German Navy*, 1888–1918 (Atlantic Highlands, New Jersey, 1987)对威廉二世登基至海军在斯卡帕湾覆灭时期的帝国海军进行了综合性的研究。伊沃·兰比(Ivo N.Lambi)的 *The Navy and German Power Politics*, 1862–1914 (Boston, 1984)对德国的作战研究进行了有价值的概览。

　　相比之下,绝大部分关于两次大战之间的作品仍未得到翻译。约斯特·杜尔夫(Jost Dülffer)的 *Weimar, Hitler und die Marine, Reichspolitik und Flottenbau 1920 bis 1939* [Weimar, Hitler and the Navy: National Politics and Fleet Building 1920 to 1939](Düsseldorf, 1973)是关于魏玛共和国时期,及第三帝国战前时期海军与政治规划者之间关系的关键读本。韦尔纳·拉恩(Werner Rahn)的 *Reichsmarine und Landesverteidigung 1919–1928. Konzeption und Führung der Marine der Weimarer Republik* [The Navy and Home Defense 1919–1928. Conception and Leadership of the Navy of the Weimar Republic](Munich, 1976)详述了埃里希·雷德尔(Erich Raeder)1928年被任命为海军首脑之前的内部海军规划与人事政策。基思·博得(Keith Bird)的 *Weimar, the German Naval Officer Corps and the Rise of National Socialism*(Amsterdam, 1977)是研究这一时期的唯一一本英语著作,但它主要是研究海军军官团而非战略思想的著作。

　　埃里希·雷德尔的两卷本 *Mein Leben*(Tübingen, 1956–1957)讨论了纳粹德国时期的海军(*Kriegsmarine*),并有单卷本的英文版 *My Life*(Annapolis, 1960)。对待这本回忆录时须极其谨慎,因为此书绝大部分是由埃里希·佛斯特(Eric Förste)代写,主要是为了阻止像沃尔夫冈·魏格纳提出的那类有争议的问题。格哈德·瓦格纳(Gerhard Wagner)编辑的 *Lagevorträge des Oberbefehlshabers der Kriegsmarine vor Hitler*,1939-1945(Munich,1972)则极有价值；所谓的 *Führer Conferences in Matters Dealing with the German Navy* 也于 1947 年以七卷英文本的形式在华盛顿特区出版。关于雷德尔和他的参谋部，迈克尔·索维斯基(Michael Salewski) 三卷本的 *Die Deutsche Seekriegsleitung*, 1935 - 1945 [The German Naval Command 1935 - 1945](Frankfurt, 1970 - 1975) 不可或缺。爱德华·波顿(Edward P. von der Porten)的 *The German Navy in World War Ⅱ* (London,1970)以及杰克·肖维尔(Jak P.Mallmann Showell)的 *The German Navy in World War Ⅱ : A Reference Guide to the Kriegsmarine*, 1933-1945(Annapolis,1979)尽管是独有的英语研究，但已经过时，需要修正。

特别研究魏格纳的作品相对稀少。一如赫伯特·罗辛斯基(Herbert Rosinski)所撰"Strategy and Propaganda in German Naval Thought,"*Brassey's Naval Annual 1945*,pp.125-150,拉恩(Rahn)所著 *Reichsmarine und Landes-verteidigung* 以及杜尔夫(Dülffer) 的 *Weimar, Hitler und die Marine* 对魏格纳的战略思想一带而过。罗辛斯基此文和其他几篇研究海权的文章被米切尔·辛普森(B. Mitchell Simpson III) 汇编成 *The Development of Naval Thought : Essays by Herbert Rosinski*(Newport, 1977)，尤其是该书第 69 — 101 页的部分。与魏格纳有关的还有赫维希(Holger H.Herwig) 的"The Failure of German Sea Power, 1914-1945 : Mahan, Tirpitz and Raeder Reconsidered,"*The International History Review*, February 1988, pp.68-105。斯万·塔吉尔(Sven Tägil) 的"Wegener, Raeder, and the German Naval Strategy,"*Cooperation and Conflict : Nordic Studies in International Politics*, II, 1967, pp. 102-112 只提供了社会学的概述。魏格纳思想的主要支持者是卡尔-艾克赛尔·耶穆塞尔(Carl - Axel Gemzell)，除了此前提到的 *Organization, Conflict, and Innovation* 一书，还有他早期的著作 *Raeder, Hitler und Skandi-*

navien.Der Kampf für einen maritime Operationsplan［Raeder,Hitler and Scandi-navia:the Struggle for a Maritime Operations Plan］(Lund,1965)。耶穆塞尔的兴趣主要源于他的斯堪的纳维亚视角,以及魏格纳对丹麦和挪威的特别兴趣。

沃尔夫冈·魏格纳和他儿子爱德华的著述可以综合考虑,因为小魏格纳将其1945年后的大部分生涯都用于理解他父亲的海洋战略思想,以及德国海军界对这一思想的反应。事实上,沃尔夫冈·魏格纳很少公开发表论述。还是任下级军官的时候,他执笔撰写了两篇战术/作战研究:"Der zweite japanische Abschnitt der Seekriegsoperationen im russisch-japanischen Krieg"［The Second Japanese Phase of Naval Operations in the Russo-Japanese War］,*Jahrbuch für Deutschlands Seeinteressen*,VIII,Berlin,1906,pp.168-203,以及"Der taktische Wert der Liniengeschwindigkeit"［The Tactical Value of Speed of the Line］,*Marine Rundschau*,December 1906,pp.1337-1346。1926年5月31日至6月1日,魏格纳在*Wilhelmshavener Zeitung*上就日德兰之战十周年公开发表了一篇文章,他主要关注的不是日德兰,而是未来:"欧洲政治……终于结束了。剩下的只有世界政治,而这是以海权为基础的。"他最大的成就当然是1929年的开创性著作*Die Seestrategie des Weltkrieges*［The Naval Strategy of the World War］,Mittler & Son 1941年在柏林再版了此书。

相比之下他的儿子爱德华·魏格纳(Edward Wegener)则是一位多产的公共作家。他的文章和长篇书评数量庞大,难以完全引述,但其中的一些还是值得注意的。爱德华·魏格纳在全球史和海军史领域发表了大量文章:"Die Frage an die Geschichte"［The Question to History］,*Marine Rundschau*,March 1957,pp.70-75;"Was heist Seemacht?"［What is Sea Power?］,*Marine Rundschau*,June 1966,pp.254-263;"Theory of Naval Strategy in the Nuclear

Age,"*Naval Review*,May 1972,pp.192-207；以及身后出版的"Der Begriff Weltmachtstreben"［The Notion of Struggle for World Power］,*Marine-Forum*,March 1982,pp.67-69。爱德华·魏格纳还在 *MOV-Nachrichten*,October 1970,pp.211-215 上对索维斯基（Michael Salewski）的 *Die Deutsche Seekriegsleitung* 发表了一篇长篇评论,他还给赫伯特·绍特里斯（Herbert Schottelius）与威廉·戴斯特（Wilhelm Deist）编辑的 *Marine und Marinepolitik im kaiserlihen Deutschland*,1874-1914 ［Navy and Naval Politics in Imperial Germany 1871-1914］（Düsseldorf,1972）,pp.236-262 撰写了一篇文章,题为 "Die Tirpitzsche Seestrategie"［Tirpitz's Naval Strategy］。他的最大影响可能来自 20 世纪 70 年代早期迈克尔·索维斯基（Michael Salewski）发起的一场对"历史意识"的广泛辩论和对 *Kriegsmarine* 的制度记忆："Selbstverständnis und historisches Bewusstsein der deutschen Kriegsmarine"［Self Perception and Historical Consciousness of the German Navy,］ *Marine Rundschau*,February 1970,pp.65-88。爱德华·魏格纳以"Nochmals：Selbstverständnis und histo-risches Bewusstsein der deutschen Kriegsmarine"［Once More：Self Perception and Historical Consciousness of the German Navy］,*Marine Rundschau*,June 1970,pp.321-339 予以回应,前舰队司令赫曼·勃姆（Hermann Boehm）则以 "Ein Beitrag zu dem Artikel von Konteradmiral a.D.Edward Wegener 'Noch-mals：Selbstverständnis und historisches Bewusstsein der deutschen Kriegsma-rine'"［A Contribution to Rear Admiral（ret.）Edward Wegener's Article"Once More：Self Perception and Historical Consciousness of the German Navy"］,*Marine Rundschau*,May 1971,pp.308-317 进行了回击。爱德华·魏格纳此时实际上已经是海军中将军衔了。

最后是爱德华·魏格纳未出版的巨著"Das geistige Erbe Wolfgang We-geners"［The Intellectual Heritage of Wolfgang Wegener］。这部共 193 页的私

人手稿构成了爱德华·魏格纳遗著的第 10 卷(*Nachlass* Wegener, N 607),收藏于弗莱堡德国联邦档案馆的军事档案馆中,是目前为止对沃尔夫冈·魏格纳著作及其批判最具雄心的分析和应对。爱德华·魏格纳的手稿仍是理解他父亲生活和思想的核心读物。

责任编辑:王新明
封面设计:汪　阳
版式设计:王　婷
责任校对:吴容华

图书在版编目(CIP)数据

世界大战的海军战略/(德)沃尔夫冈·魏格纳 著;刘晋 译. —北京:
　人民出版社,2020.4
ISBN 978－7－01－021970－7

I.①世… Ⅱ.①沃… ②刘… Ⅲ.①海军战略-研究-德国 Ⅳ.①E516.53

中国版本图书馆 CIP 数据核字(2020)第 044435 号

世界大战的海军战略
SHIJIE DAZHAN DE HAIJUN ZHANLÜE

[德]沃尔夫冈·魏格纳　著

刘　晋　译

人民出版社 出版发行
(100706　北京市东城区隆福寺街 99 号)

北京中科印刷有限公司印刷　新华书店经销

2020 年 4 月第 1 版　2020 年 4 月北京第 1 次印刷
开本:710 毫米×1000 毫米 1/16　印张:11
字数:141 千字

ISBN 978－7－01－021970－7　定价:40.00 元

邮购地址 100706　北京市东城区隆福寺街 99 号
人民东方图书销售中心　电话 (010)65250042　65289539